AF199772

Brigitte Anna Lina Wacker

Das Tortenstück
und mehr...

Heiteres und Besinnliches

Herstellung und Verlag
BoD- Books on Demand, Norderstedt
ISBN: 978-3-7504-0795-4

INHALTSVERZEICHNIS:

S. 7 Das Sahnestück (für Knut)
S. 9 Die weiße Feder
S. 13 Die Solarlampe
S. 16 Schwarze Füße
S. 18 Der Mohnzopf
S. 21 Die Heimfahrt
S. 24 Die Eismaschine
S. 27 Das Tortenstück
S. 30 Der alte Maler
S. 35 Das Musterexemplar (Ein toller Typ)
S. 37 Lohnt es sich
S. 38 Eine einfache Frage
S. 40 Die Insel mit den Zauberblumen
S. 46 Das Baumhaus
S. 47 Einkauf im Supermarkt
S. 49 Kleine Versprecher
S. 50 Zwiegespräch mit Claus
S. 51 Gedankensplitter
S. 53 Der Rosenbaum
S. 55 Das verlorene Paradies
S. 59 Wundertüte
S. 60 Drei kleine Wunder
S. 65 Oma Anna und das Haus meiner Kindheit
S. 90 Vater unser
S. 91 LEBEN

Das Sahnestück (für Knut)

Oh, welche Freude, welch ein Glück,
macht doch so manches Sahnestück.
So lecker weich, nicht allzu fett,
so allerliebst und richtig nett
mit Leckereien reich verziert,
so dass man sich auch nicht geniert,
begehrlich mal darauf zu blicken
und in Gedanken zu verdrücken.

Solch Stück kann man bestimmt vertragen,
schließlich geht Liebe durch den Magen.
Doch der Gedanke ist verfänglich,
solch eine Liebe sehr vergänglich,
und der Genuss wär schnell vergessen,
wenn dieses Stück erst mal gegessen.

So schaut man es sich lieber an,
damit man sich dran freuen kann
und träumt von Sahne, süß und zart,
von Früchten zuckersüßer Art,
und fühlt ein tiefes schweres Glück
beim Anblick von dem Sahnestück.

Glücklich allein macht nicht das Schauen,
man muss es schmecken und verdauen,
denn sonst würde die Sahne sauer –
ein Sahnestück hält nicht auf Dauer.
So ist es eben im Leben.

Als Lösung wurde auserkoren:
Das Sahnestück wird eingefroren.

Die weiße Feder

Es gibt Ereignisse in unserem Leben, die uns in ihrer Einfachheit besonders tief berühren und die wir tief im Herzen bewahren. Die Berührung mit einer kleinen weißen Feder ist solch ein Ereignis, ein Geschenk des Augenblicks.

Regelmäßig gehe ich mit meinem alten Hund in der Mittagszeit eine kleine Runde spazieren. Es muss für manch einen Betrachter ein seltsamer Anblick sein, wenn der rückenlahme alte Rüde und sein knie- und rückenlahmes Frauchen durch die Straßen humpeln. Mitunter bleiben wir beide stehen, mein Hund, um an diesem oder jenem Busch Witterung aufzunehmen, und ich, um meine schmerzenden Knie ein wenig auszuruhen.

Oftmals treffe ich auf diesem Weg meinen Nachbarn vor seiner Garage oder auf dem Wendeplatz der Straße. Derartige Treffen sind eine willkommene Abwechslung in der Routine eines Tages. Man wechselt ein paar Worte und geht dann fröhlich seines Weges. So war es auch an diesem denkwürdigen Tag.

Während wir plaudernd gemeinsam des Weges gingen, sah ich plötzlich eine weiße Feder sanft, ruhig und leicht vor mir aus dem Grau des Himmels herabschweben. Ich streckte meine rechte Hand aus und schon landete dieses zarte Gebilde direkt auf diesem angebotenen Platz. Welch ein kostbarer Moment.

Doch ich war nicht alleine. Ich wollte nicht auffallen, meine aufsteigenden Gedanken nicht preisgeben. Wollte cool sein und so tun, als wäre diese Begebenheit total normal.
So reagierte ich anders, als ich es von mir bisher kannte. Mit einer sanften Bewegung ließ ich die Feder wieder schweben und der Wind trug sie leise fort.

„Na, das kann eine Möwenfeder gewesen sein", meinte mein Nachbar beiläufig.

„Oder die Feder von einem Engelsflügel!", entgegnete ich spontan.

„Dann wird sie wohl in einer Ihrer nächsten Geschichten auftauchen." Lächelnd öffnete mein Nachbar die Eingangstür seines Hauses.

Nur einige Meter später wurde mir die Besonderheit des Augenblicks, dass diese kleine leichte Feder in meiner Hand gelandet war, schmerzlich bewusst. Ich drehte mich um und schaute suchend den Weg zurück.

Wie leichtfertig hatte ich gehandelt. Warum nur hatte ich dieses kleine Geschenk wieder fliegen lassen? Ich wollte es unbedingt zurück in mein Leben holen. Doch obwohl ich gründlich in allen Büschen, Blumen und Zaunritzen nachschaute, die kleine Feder war und blieb verschwunden.

Tiefes Bedauern stieg aus den Tiefen meiner Seele auf. Wie viel Wunderbares hatte ich bereits erlebt. Lichtreflexe, die Engel ähnelten, hatte ich gesehen, Wolkenengel und Engel, geformt durch einen Astabbruch oder sichtbar gemacht durch die Rinde eines Baumes. Noch Tage später machte ich mir Vorwürfe, die Feder nicht mitgenommen zu haben. Als Andenken oder als Malmodell.

Immer größer schien mir der Verlust zu werden, bis – ja, bis meine kleine innere Stimme mich wieder zur Vernunft brachte.

Eine Feder, vom Himmel schwebend, direkt in die vorgestreckte Hand, wer außer mir hat so etwas schon einmal erlebt? Doch wir können nichts konservieren, nichts festhalten für die Ewigkeit.

Durch die Erinnerung bleibt sie ebenso unvergessen wie der Regenbogen, der vor ein paar Jahren beim Kartoffelschälen direkt in meine Hand fiel. Logischerweise stand ein gefüllter Wasserbehälter auf der Fensterbank. Die

Lichtbrechung landete in meiner Hand als wunderschöner Regenbogen, an einem Tag, an dem ich seelisch an einem Tiefpunkt angelangt war. Logik zählte für mich nicht in jenem Moment. Bedeutsam war einzig und allein das Wunder, einen Regenbogen in meiner Hand zu halten, ein Zauber des Augenblicks, ein Hoffnungsschimmer.

Wie oft laufen wir gedankenverloren durch unsere Zeit, hetzen achtlos von Termin zu Termin.

Dieser einzigartige Moment, in dem eine weiße Feder in meiner Hand einen Landeplatz fand, war und bleibt für mich ein engelsgleicher Gruß an einem grauen Regensommertag, gerade so, wie ein Tüpfelchen Schlagsahne auf einem bunten Obstsalat.

Die Solarlampe

Ach, was ist es doch an lauen Sommerabenden schön im Garten. Der Duft von Blüten, Bäumen und Sträuchern, von warmer Gartenerde und frisch gemähtem Gras erfüllt die laue Luft und lädt ein, auf der Bank sitzend einfach nur die freie Zeit zu genießen und zu träumen.

Wie schön, wenn die vielen kleinen Solarleuchten und –laternen die gespeicherten Sonnenstrahlen an die Nacht verschenken und so manch einen Käfer oder Falter animieren, sie zu umschwirren.
In den Baumärkten und 1-Euro-Shops kann man Solarlampen sehr günstig erstehen und so wurde ich auch in diesem Jahr wieder fündig. Glück soll man teilen und so schenkte ich auch meinem Lieblingscousin zum Geburtstag eine kleine Leuchte im Tiffany-Stil. Er sitzt gerne draußen und ich dachte, ihm damit eine Freude machen zu können.

Der Sommer verging, ohne dass wir uns wieder gesehen hatten. Zu Halloween verabredeten wir uns zu einem gemütlichen Abend bei ihm zu Hause. Ein kleines Mitbringsel fehlte mir noch. Blumen für einen Herrn, ach, wohl lieber nicht. Pralinen? Rotwein? Schließlich entschied ich mich für einen kleinen Solar-Wackelkürbis, denn mein Cousin ist mit seinen 50 Jahren immer noch ein richtiger Kindskopf und Spielratz.

„Na, ich bin gespannt, ob diese Wackelfigur auch wirklich wackelt.", meinte mein Cousin mit ironischem Unterton. „Die Solarlampe, die Du mir zum Geburtstag geschenkt hast, hat jedenfalls nicht eine einzige Minute lang geleuchtet. Sie sieht zwar sehr schön aus, aber ich will sie nun endlich in den Müll werfen."

Ich war überrascht. „Wie bitte?", fragte ich zweifelnd, denn ich hatte mir das gleiche Modell gekauft und die Lampe funktionierte gut. „Hast Du denn auch die Plastikfolie entfernt?"

„Welche Plastikfolie?" Mein Cousin schaute ein wenig verdattert aus der Wäsche.

„Na, die Plastikfolie, die zwischen An- und Ausschalter und der Batterie steckt."

Ratlos schaute mich mein Cousin mit großen Augen an. „Einen Anschalter hat das Ding nicht!"

Das fand ich seltsam, ging aber nicht weiter auf dieses Thema ein. Nach einer kleinen Denkpause eilte mein Cousin durch die Terrassentür nach draußen, um die Leuchte aus dem Boden zu ziehen.

„Das könnte mal wieder peinlich werden.", bemerkte er leise. „Hoffentlich habe ich mich nicht schon wieder zum Horst gemacht."

Wie erstaunt er aus der Wäsche guckte, als er die Lampe umdrehte und die kleine Plastikfolie entdeckte. Als er sie entfernte, kam leider nur ein kurzes Flackern und das Licht erlosch. Nun muss er wohl auf den Frühling und viele schöne Sonnenstunden warten, bis die Batterien endlich aufgeladen sind.

Schwarze Füße

Neulich war Heinz wieder beim Bäcker, um die Brötchen für das Frühstück zu holen. „Extra helle!", hatte Heinz erbeten. „Wie immer."

Zu Hause angekommen packte er freudig die Tüte aus und entdeckte zwischen den leicht dunkel gebrannten Frühstücksteilen ein Dinkelbrötchen mit verbrannter Oberfläche und noch schwärzeren „Füßen". Am Morgen zuvor hatte Heinz sich noch fürchterlich darüber aufgeregt, dass mehrere Container mit nicht verkauften Brötchen in Müllcontainern auf dem Parkplatz der Bäckerei abgestellt waren. Erst vor kurzem hatte er im Fernsehen einen Bericht darüber gelesen, dass diese sicher noch essbaren Stücke an Landwirte zur Fütterung ihrer Schweine abgegeben würden.
Noch lange hatte er mit seiner Frau darüber diskutiert, warum die Brötchen nicht an Obdachlose bzw. an die Tafel verschenkt werden könnten.

Im benachbarten Supermarkt war es ähnlich. Dort wurden bereits eine Stunde vor Ladenschluss sämtliche frischen Salate in Mülltonnen abgefüllt und somit vernichtet.

Auch darüber hatte Heinz mit seiner Frau lange Gespräche geführt. Schließlich gab es viel Hunger auf der Welt und viele Sozialhilfeempfänger. Warum durften diese sich abends nicht kostenlos die Salate abholen. Wie viel Gutes hätte man auf der Welt tun können mit etwas mehr Liebe und gesundem Menschenverstand.

Heinz starrte finster auf das dunkel verbrannte Dinkelbrötchen.

„Extra hell!", habe ich denen gesagt, schimpfte Heinz vor sich hin. „Und in den Müllcontainern lagen so viele helle leckere Brötchen. Werden alle weggeworfen! Sind nur für die Schweine gedacht! Sind die Schweine etwa mehr wert als ich, obwohl ich doch für die Brötchen mein gutes Geld bezahle? Das ist doch wohl eine riesengroße Schweinerei."

Der Mohnzopf

Mit dem Mohnzopf, einem süßen Frühstücksbrot, hat es so seine Bewandtnis. Seit zwei Jahren gibt es das Problem. Der Mohn springt beim Schneiden des Brotes in alle Himmelsrichtungen. Ebenso tut er es, wenn man das Brot vom Brotkorb zum Teller hebt bzw. auch dann noch, wenn man es bestreicht, zum Mund führt und dann sogar noch beim Abbeißen.
Jeden Tag dasselbe Problem. Überall auf dem Tisch liegen Mohnkörnchen. Gut, nun wird von der Frau des Hauses die Arbeitsplatte in der Küche gewischt, das Platz-Set etc.
Die Körnchen werden heruntergefegt, auf irgendeinen Teller oder in die hohle Hand. Jeden Tag und immer wieder grüßt das Murmeltier...
Das alles wäre überhaupt kein Problem, wenn auch der Mann einmal dafür sorgen würde, die Krümel und Körnchen abzuwischen, denn schließlich isst sie selber den Mohnzopf nicht.

Aber nein, diese Aufgabe bleibt für die Frau des Hauses bestehen. Selbstverständlich! Schließlich hat das früher die Mutter gemacht und auch die Oma. Na, die gute und kluge Ehefrau, Lebenspartnerin oder Lebensabschnittsgefährtin wird wohl auch dafür sorgen, dass der Tisch wieder reinlich aussieht. Wenn es sie stört, dann kann sie die Krümel doch wegwischen. Jeden Tag eben. Wer denn sonst? Sie macht ja auch jeden Tag die Betten, wäscht, bügelt etc. Dann wird sie das wohl auch gerne machen. Schließlich liebt sie ihn doch – so wie früher eben Mutter.

Seit wann räumt ein Mann seine eigenen Krümel weg? Nun ja, Mutter war zwar nicht berufstätig, aber sie wusste, wo sie hingehört. Und Vater war der Ernährer. Heutzutage wird doch das bisschen Haushalt neben dem Halbtagsjob kein großes Problem sein. Ihm schmeckt das Brot eben!
Sie liebt ihren Mann und schneidet und wischt – und dennoch, kann er denn nicht auch einmal…?
Mittags entdeckt die reinliche Hausfrau wieder Mohnkrümel. Wo kommen die nun wieder her? Sieht er sie denn nicht auch?

Sie: „Warum wischt Du nicht selber mal Deinen Platz sauber?"

Er grummelt.

Sie: „Wenn Du die Krümel nicht siehst, dann setz doch Deine Brille endlich mal auf!"

Er: „Dafür brauche ich meine Brille nicht. Ich sehe die einfach nicht."

Sie: „Dann wisch doch mal selber nach dem Essen Deine Krümel auf den Teller…"

Er: „Wenn ich sie doch nicht sehe"

Sie zuckt die Schultern.

Er: „Dann verzichte ich eben auf den Mohnstollen"
Sie: „Das erwartet doch keiner. Die Krümel kannst Du wohl auch mal weg wischen. Warum

ich immer. Nur, weil Deine Mutter Dir noch mit 17 die Zahnpasta auf die Bürste machte. Du bist total verwöhnt worden..."

Er schnauft ungehalten: „Ich sagte doch, dann esse ich eben keinen Mohnzopf mehr"

Sie: „Das darf doch nicht wahr sein. Nur weil es krümelt und Du die Krümel nicht wegmachen willst, willst Du auf den Mohnzopf verzichten? Wegen der paar Handgriffe?"

Er: „Also, ich hab schon vor Jahren daran gedacht, ihn nicht mehr zu essen."

Sie denkt: Warum tut er denn seit zwei Jahren so, als hätte nur ich ein Problem mit den Krümeln und fragt vorwurfsvoll: „Und was willst Du statt dessen essen? Und wenn Du ihn damals schon nicht mehr essen wolltest, warum hast Du ihn dann nicht abbestellt?"

Er zuckt mit den Schultern. Dann kommt die männliche Antwort: „Das war mir einfach zu viel Aufwand. Dazu hatte ich keine Lust. Da habe ich es einfach bleiben lassen."

Sie resigniert: „Na, so lange ich nicht weiß, ob Du es wirklich ernst meinst mit dem „Ich verzichte auf den Mohnzopf", wird er ***von mir*** auch nicht abbestellt."

So kann es also einer Frau ergehen mit einem Ehemann und seinem Mohnzopf.

Die Heimfahrt

Es war schon spät, als wir mit unserem alten Auto durch die Dunkelheit nach Hause fuhren. Unsere Kinder quengelten auf dem Rücksitz. Sie waren total übermüdet. Und dennoch, im Ganzen gesehen, war es ein schöner Tag gewesen. Nach endlosen Monaten voller Arbeit, die uns vorkamen wie Jahre, hatte ich endlich meine Freundin und Arbeitskollegin wieder gesehen. Sie war noch hübscher geworden, als ich sie in Erinnerung hatte.

Die Gespräche gingen uns nicht aus. Wir hatten unsere Kinder fast zur gleichen Zeit bekommen, wir strickten die gleichen Pullover, wir lachten über die gleichen Dinge, beide waren wir temperamentvoll und hatten sehr ruhige Männer. Und auch diese verstanden sich prächtig. Fast zur gleichen Zeit bauten wir unsere Häuser. Das war auch der Grund, dass wir uns so lange nicht gesehen hatten. Nun lag dieser wundervolle Tag des Wiedersehens hinter uns.

Unsere Fahrt ging durch waldreiches Gebiet. Überall waren Schilder mit Warnhinweisen auf Wildwechsel aufgestellt. Mein Mann war total übermüdet, die Kinder nervten ihn und so fuhr er auf der Landstraße mit einem Höllentempo. Ich träumte noch ein wenig vor mich hin.

Meine Freundin hatte zusammen mit ihrem Mann ihr kleines Häuschen geschmackvoll mit alten Möbeln ausgestattet. In den Zimmern standen wundervolle große Standuhren, die das Haus jede halbe Stunde mit wohltönendem Gongschlag erfüllten. Leckereien waren vorbereitet, der Tisch war zauberhaft gedeckt, Blumen erfüllten die Räume mit zartem Duft. Alles war heimelig und gemütlich. Es gab viel zu überdenken. Und dann….

Plötzlich war ich hellwach. Irgendetwas stimmte nicht. Angestrengt sah ich auf die Straße, doch es war so finster im Wald und nichts Besonderes zeigte sich im Scheinwerferlicht. Einer Eingebung folgend fuhr ich meinen Mann an, er möge doch endlich die Geschwindigkeit drosseln.

„Wenn wir hier verunglücken, findet uns vor morgen früh niemand", war mein schroffer Kommentar zu seiner Raserei.

Zum Glück trat mein Mann sofort in die Bremsen. Im selben Augenblick kam ein Schatten aus dem Nichts. Der Aufprall zerstörte mit einem blechernen Schrei die Ruhe der Dunkelheit. Ein Reh rutschte über die Kühlerhaube, der Wagen schlingerte. Entsetzt sah ich den Abgrund rechts der Straße. Mein Mann verriss das Lenkrad und wir kamen von der Straße ab. Über den linken Seitenstreifen raste das Auto an Bäumen und Sträuchern vorbei. Es war, als sähe ich einen Film und wäre nicht beteiligt an dem ganzen Geschehen. Selbst die Kinder waren nicht mehr zu hören. Nach scheinbar endloser Zeit bekam mein Mann den Wagen zum Stehen, direkt vor einem mächtig großen Baum. Eine Zeitung hätte nicht mehr zwischen Stamm und Auto gepasst. Kein Aufprall – nur Totenstille. Mein Herz hämmerte. Zitternd stieg ich aus und weinte.

Nur Bruchteile von Sekunden entschieden über Leben oder Tod. Seit diesem Moment weiß ich, dass es Schutzengel gibt.

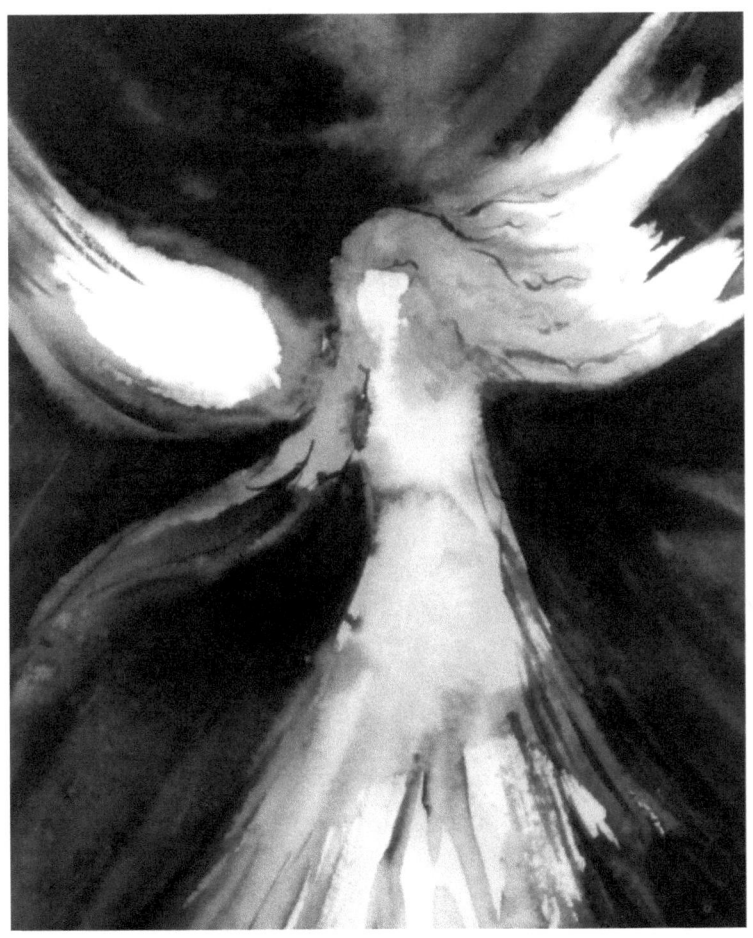

Die Eismaschine

Endlich Sommer! Für mich bedeutet er: Eiszeit. Ich bin ganz vernarrt in diese kühle Köstlichkeit und verzichte gerne auf ein Abendessen, wenn ich die Möglichkeit bekomme, stattdessen ein leckeres Eis zu vernaschen. Doch immer wieder stören mich die vielen Zusatzstoffe, Konservierungsstoffe etc. Außerdem ist es in Mode gekommen, Bourbon-Vanille zu fast allen Süß- und Eisspeisen hinzuzufügen. Das verschaffte mir leider in der Vergangenheit allergiebedingte Asthma-Anfälle, die nun wahrhaft nicht spaßig sind. Gesagt, getan, im Supermarkt gab es eine Eismaschine im Angebot. Ich rechnete nach: Wenn ich mit meinem alten Auto eine 6-Kilometer-Extra-Tour in die Stadt fahre, kostet das sicherlich einige Euro an Fahrtkosten. Und für eine Taxi-Fahrt würde ich sicherlich weit über 10 Euro bezahlen. Deshalb überlegte ich nicht lange und bestellte im Internet. Die Maschinen mit rosa Rand waren leider schon vergriffen. Mit Blau und Gelb verhielt es sich gleichermaßen. So entschied ich mich kurzerhand für eine schneeweiße Maschine und bereits nach zwei Tagen brachte der Paketdienst meine neue Errungenschaft zu mir nach Hause. Die Freude war groß und sofort wurde die nagelneue Eismaschine ausgepackt und probehalber zusammengebaut.

Wenn man wie ich, ohne vorher Informationen einzuholen, ein solches Gerät bestellt, dann hat man eine ganz andere Vorstellung über die Funktionsweise dieser Maschine. Als ich die

Gebrauchsanweisung sorgfältig studierte, staunte ich darüber, dass ich den Eisbehälter vorher für möglichst vierundzwanzig Stunden in meine Gefriertruhe legen sollte. Auf diese Weise würde das Eis die beste Konsistenz haben.

Die Eismasse, die ich für die Maschine zusammenmixen würde, sollte ebenfalls ca. vier Stunden im Kühlschrank durchkühlen. Vernascht, wie ich eben bin, stellte ich, nachdem ich alle Einzelteile gründlich abgewaschen hatte, den leeren Eisbehälter in die Gefriertruhe. Nach ca. acht Stunden war das Teil absolut durchgekühlt. Nun rührte ich voller Vorfreude aus Sahne, Puderzucker, Vanillezucker und Milch die Eismasse an. Und da die Sahne vorher bereits Stunden im Kühlschrank gestanden hatte, verzichtete ich auf die lange Ruhe- und Wartezeit. Beim Probieren war ich allerdings nicht ganz so begeistert. Irgendwie fehlte der besondere Pfiff. Aber für den Anfang würde es genügen.

Nachdem ich den Eisbehälter vorschriftsmäßig in die Eismaschine eingestellt hatte und die Starttaste von 0 auf 1 gedreht hatte, füllte ich die Eismasse ein und schaute erfreut zu, wie der Quirl fleißig rührte und rührte.

So ganz leuchtete mir das Prinzip dieser Eismaschine nicht ein, aber ich dachte mir auch nichts weiter dabei und stellte meine Eieruhr auf vorgegebene vierzig Minuten Rührzeit ein. Komisch war, dass sich außer der Rührei überhaupt nichts weiter tat. Ich dachte an meine geliebte Fernsehsendung „Die Küchenschlacht", wo innerhalb von Minuten leckeres Eis entstand.

Aber in diesem Fall wollte es nun überhaupt nicht klappen.

Noch einmal las ich die Gebrauchsanweisung durch und fiel wieder über den Satz: Die besten Ergebnisse erhalten Sie, wenn Sie den Eisbehälter für vierundzwanzig Stunden ins Gefrierfach legen. Also musste es auch ohne diese Prozedur funktionieren, denn acht Stunden lang hatte das Teil schließlich schon in der Truhe gelegen. Ungeduldig wartete ich, bis die empfohlenen vierzig Minuten vergangen waren, jedoch konnte von Eis überhaupt nicht die Rede sein. Die leicht angefrorene Masse war immer noch ziemlich flüssig.

Ich habe später im Internet nachgeschaut, wie solch eine Eismaschine überhaupt funktioniert. Mit Kompressor wäre alles überhaupt kein Problem gewesen. Aber bei einer preiswerten Eismaschine, wie ich sie kaufte, muss man tatsächlich den Eisbehälter vierundzwanzig Stunden vorher einfrieren – sonst gibt es kein Eis, sondern nur kalte Flüssigkeit.

Ich habe diese dann über meine leckeren Erdbeeren gegossen und den Rest für den nächsten Tag in einer Tupperdose eingefroren. Und morgen stelle ich den Eisbehälter für vierundzwanzig Stunden ins Gefrierfach und folglich auch die Eismasse für vier Stunden in den Kühlschrank. Und wenn es wieder nicht klappt'?

Der Weg zum Supermarkt ist nicht sehr weit – und man kann auch dort wirklich leckeres Eis kaufen.

Das Tortenstück

Ein Mensch, der seinen Geruchssinn verloren hat, lebt außerordentlich gefährlich! Besonders verführerische Leckereien können dem erwartungsfrohen genussfreudigen Menschen in vielfacher Weise schaden.

Meine Freundin Else krönte in den vergangenen Jahren meinen Geburtstag mit liebevoll ausgesuchten Schätzen. Da wir fast vierhundert Kilometer voneinander getrennt leben, wartet sie mit ihren Geschenken, bis ich wieder einmal in Bad Sooden-Allendorf, meiner ehemaligen Wahlheimat weilte, um dort in einer großen Klinik eine Lesung aus meinen Büchern zu halten.

So war es auch in diesem Jahr. Die Lesung war mit achtzehn Personen gut besucht. Allerdings verließen einige Patientinnen aufgrund ihrer gesundheitlichen und physischen Befindlichkeiten vorzeitig den Raum.

Nachdem ich die Lesung beendet hatte und sich einige Interessierte nach Durchsicht meiner Bücher und lieben Gesprächen verabschiedet hatten, holte meine Freundin Else eine wunderschöne gestreifte Geschenktüte aus ihrer Tasche und überreichte sie mir als nachträgliches Geburtstagspräsent. Gerne hätte ich gleich nachgeschaut, was sich in der Tüte befand, beschloss aber, meine Neugierde zu zügeln und erst im Hotel oder am nächsten Tag daheim das Geschenk in aller Ruhe zu betrachten.

Der nächste Tag verlief dermaßen hektisch, dass ich erst zu Hause angekommen meine Ungeduld befriedigen konnte. Ach, was habe ich mich gefreut.

Lauter Leckereien gab es in der Tüte vorzufinden, eine Dose Tee mit Maracuja-Aroma, eine Tafel Bad Sooden-Allendorfer Stadtschokolade und ein in Folie verpacktes Tortenstück Schichtnougat. Alles gekauft in einem Spezialitätengeschäft, das ich noch nicht kannte.

Obwohl ich eine große Naschkatze bin, wollte ich nichts überstürzen. Deshalb stellte ich das leckere Schichtnougat-Tortenstück zunächst auf unseren Tisch im Esszimmer und beschloss, am nächsten Morgen die besagte Leckerei mit meinem Ehemann zu teilen. Vorfreude ist schließlich doppelte Freude.

Nach einem gemütlichen Frühstück anderntags wickelte ich vorsichtig das verführerisch lockende Tortenstück aus, schnitt mit meinem Besteckmesser eine kleine Scheibe ab und legte sie meinem Mann auf seinen Teller. Na, der freute sich aber, vermied jedoch, vor mir diese Köstlichkeit zu probieren. Nachdem auch ich mir eine Scheibe abgeschnitten hatte, konnte ich der Versuchung nicht länger widerstehen und biss herzhaft hinein.

Von wegen süß, eher salzig war der Geschmack. Ich kaute zweimal, während auch mein geliebter Ehemann ein Stückchen in den Mund schob. Auf meiner Zunge breitete sich ein widerlicher

Geschmack aus. Ich war entsetzt. So etwas konnte ich nun wirklich nicht essen.
„Igitt – das ist ja… - Seife!"

Mein Entsetzensschrei kam laut über die Lippen. Voller Ekel nahm ich meine Serviette Tuch. Mein Mann war besser dran als ich und hatte glücklicherweise noch nicht gekaut.
Ich rannte ins Badezimmer, um den unangenehmen aufdringlichen Seifengeschmack durch Spülen meines Mundes und durch Zähne putzen zu beseitigen. Aber nichts half. Auch der leckere Champagner-Trüffel, den ich mir genießerisch auf die Zunge legte, vermochte den widerlichen Geschmack nicht zu besiegen. Wir schauten noch einmal auf die Verpackung, ob eventuell ein Hinweis darauf stünde, dass dieses Teil nicht essbar wäre und wir ihn aus Gier wohl übersehen hätten. Lediglich ein kleiner Aufkleber zeigte den Namen des Geschäftes.

So im Nachhinein finde ich alles absolut komisch. Der Gedanke, dass in Amerika diese Firma eine Millionenklage erhalten hätte, befreite mich von der Wut in meinem Bauch.

Zu guter Letzt: Ich habe noch eine Verkaufsidee! Wie wäre es mit Schuhcreme in Form eines Schokotrüffels! Das sieht bestimmt lecker aus und…

GUTEN   APPETIT !

Der alte Maler

Es war einmal ein alter Maler, der lebte in einem kleinen Häuschen nahe eines winzigen Waldes. Seine Knochen waren schon ein wenig eingerostet. Seine Haare zierten grau, struppig und etwas eigenwillig sein Haupt. Sein Atelier war aufgeräumt und geordnet. An den Wänden aller Zimmer hingen farbenprächtige Bilder und Gemälde. In der Mitte des Raumes standen mehrere Tische, an denen er früher gearbeitet hatte oder seinen unzähligen Schülerinnen und Schülern das Handwerk der Malerei vermittelt hatte. Es war aber nicht alleine das Handwerk und Wissen, das er weitergegeben hatte, sondern vor allen Dingen die Liebe zur Natur und dem Leben selber. Beinahe täglich hatte das Lachen von Kindern und Erwachsenen sein Atelier mit Leben erfüllt.

Dass der Maler immer bekannter wurde, störte ihn beinahe, denn er genoss seine selbst gewählte Ruhe und Anonymität. Ihn erstaunte immer wieder, dass die Besucher von seinen vielfältigen Arbeiten begeistert waren und dass sein Bekanntheitsgrad stetig größer und umfangreicher wurde. Er sagte immer wieder:

„Die Bilder sind wichtig. Ich bin es nicht!" Wenn man ihn als Künstler bezeichnete, dann wehrte er ab und meinte bescheiden: „Ich bin nur ein Maler..."
Vielleicht hätte er das „NUR" weglassen sollen, aber er dachte nicht weiter darüber nach. Er

schenkte dem Leben seine Zeit, seine Liebe, sein ganzes Sein.

Es kamen Zeiten, in denen der Maler wenig zu essen hatte, kaum konnte er neue Kleidung kaufen. Jedoch für Farben, Papier und Pinsel hatte er immer genügend Geld. Es reichte sogar, um kleine Werke zu verschenken.

„Niemand ist zu arm, um anderen eine Freude zu bereiten!", war seine Devise. Manche Menschen behaupteten, es wäre seine Pflicht, immer und zuerst an sich selber zu denken, aber er stimmte ihnen nicht zu. Seine größte Ernte war, wenn sich jemand freute und ihm ein Lächeln schenkte.

Der Maler wurde älter. Die Zeiten änderten sich. Seine Schüler waren nun selber Meister oder sie suchten sich neue Lehrer, um andere Techniken zu erlernen. Die Kinder und Älteren kauften Computer und Bildprogramme, zeichneten vorgefertigte Bilder ab, schufen an ihren Bildschirmen und Tabletts irgendwelche Dinge oder nutzten die Technik der Fotografie, mit der man aus normalen Fotos Kunstwerke zaubern konnte. Sie befassten sich gründlich und nahezu ausschließlich mit der virtuellen Welt und ihren eigenen Fähigkeiten.
Sie konnten am Computer Farben verändern, Elemente einfügen, verfremden, verzieren, verzerren und optimieren. Sie konnten ihre erstellten Bilder preiswert auf Leinwand drucken lassen, passend zur Tapete oder zur Wohnungseinrichtung.

Sie lernten, Malprogramme zu beherrschen, ohne überhaupt von Farben, Perspektive oder Maltechniken eine Ahnung oder Vorstellung zu haben. Schließlich war bereits alles im Computer vorprogrammiert bzw. vorgefertigt.

Den Maler interessierte diese Art von Kunst überhaupt nicht. Er wusste bereits als vierjähriges Kind, dass es seine Berufung war, Bilder zu malen. Sein Leben hatte den einzigen Sinn, die Schönheit der Natur, seien es Blumen, Landschaften, Sonnenauf- oder –untergänge, aufzuzeichnen und auf Papier zu bringen.
Immer weniger Menschen besuchten den Maler. Sie verbrachten die Zeit in ihren eigenen Stuben und erlebten die Natur virtuell. Mehr aber noch als das interessierte sie jedes noch so kleine Detail aus dem Leben irgendwelcher Menschen, die sie niemals kennenlernen würden. Schließlich hatte man in alle Dinge des Lebens genügend Einblicke und Informationen. Sie kommentierten, diskutierten, ohne wirklich damit etwas zu verändern. Sie regten sich an ihren Bildschirmen auf über Politik, Tierquälerei, Fleischkonsum, Scheidungen von Prominenten, über Kriege und Katastrophen, ohne mit ihren Kommentaren auch nur die kleinste Kleinigkeit zu verändern oder sich auf den Weg zu machen, um persönlich einzugreifen oder zu helfen.

Die Tage des Malers wurden immer einsamer und immer länger. Ihm fehlten die Menschen in seinem Leben, die sich mit ihm, seinen Ansichten, Farben und Bildern auseinandersetzten. Er begann, darüber nachzudenken, ob sein Leben in dieser Form überhaupt noch einen Sinn hatte. Er fing an, Dinge zu malen, die ihm selber nicht viel bedeuteten, mit denen er aber eventuell wenigstens etwas Geld zum Überleben einnehmen könnte. Für ihn selber waren dieser Bilder seelenlos, wie er sagte. Als auch diese Bemühungen fruchtlos waren, senkte er die Preise für seine Gemälde und verkaufte seine Arbeiten weit unter Wert. Jedoch blieben auch die letzten Besucher aus, denn schließlich hat für die meisten Menschen nur das einen Wert, was teuer ist oder nahezu unerschwinglich erscheint. Schließlich hörte der Maler ganz auf zu malen. Sein Beruf, sein Leben, alles wurde bedeutungslos. Er werkelte und bastelte viele kleine liebenswürdige Dinge, um seinem Leben doch noch einen Sinn zu geben. Aber solche Basteleien konnte jedermann erstellen und sie bedeuteten in seinem Leben überhaupt nichts Einzigartiges oder Besonderes. Es waren Dinge, die für kurze Zeit erfreuten, dann aber achtlos weggeworfen wurden, um gegen Neues ausgetauscht zu werden.

Manchmal dachte der Maler, es wäre besser, alle Bilder, die er besaß zu stapeln und zu verbrennen. So schleppte er sich durch die Tage und seine einstige Lebensfreude und Begeisterung schwanden bis auf einen winzig kleinen Rest.
Als er eines Morgens bei seinem Frühstück über das Leben und dessen ureigenen Sinn grübelte, fiel ihm der Satz eines guten Freundes ein: „Das

Leben hat den Sinn, den wir ihm geben." Lange dachte er über diese Worte nach. Plötzlich war ihm, als schiene die Sonne wärmer und heller als in den langen Wochen und Monaten zuvor. Wie Schuppen fiel es ihm von den Augen, als er sinnierte: „Alles und jeder hat seine Aufgabe in diesem Leben. Die Sonne hat die Aufgabe zu leuchten, zu wärmen und Leben zu schaffen. Das Wasser hat die Aufgabe, zu fließen und zu bewässern. Der Wind hat die Aufgabe zu wehen. Der Mond hat die Aufgabe, die Gezeiten zu bestimmen und die Nacht zu erhellen."
Immer mehr Gleichnisse fielen dem alten Maler ein und er endete mit der Erkenntnis:
„Ein Maler hat die Aufgabe zu malen!"

Ein Lächeln huschte über das Gesicht des alten Malers. Ein tiefes Leuchten erfüllte seit langer Zeit seine Augen und ließ sie erstrahlen. Mit ruhigen Bewegungen zog er seinen geliebten Malerkittel über, legte Pinsel und Farben bereit, setzte sich an seine Staffelei und mit sicherer Hand führte er Pinselstrich zu Pinselstrich. Er konnte nicht wissen, dass er gerade eines seiner größten bedeutendsten Werke schuf, über das noch Jahrhunderte später die Menschen staunen würden.

Das Musterexemplar (Ein toller Typ!)

Endlich Urlaub, schöne Zeit,
Freude macht sich in mir breit,
das Hotel ist längst gebucht,
Strandurlaub hab ich gesucht.

Endlich und nach vielen Stunden
hab ich mein Quartier gefunden,
nah am Strand, mit Blick aufs Meer,
Herze mein, was willst du mehr?

Dieser Anblick macht mich munter
und ich lauf zum Strand hinunter,
mit viel Freude und auch Wonne
genieße ich die Abendsonne.

Dicht vor mir, im warmen Sand,
liegt ein Mann, mir unbekannt.
Wirklich, eine wahre Pracht,
die mir da entgegenlacht.

Dieser braungebrannte Mann
zieht mich gleich in seinen Bann
und kann einzig und allein,
mein ersehnter Traumprinz sein.

Ach, ich habe keine Zweifel,
so was gibts nicht in der Eifel.
Solch ein Musterexemplar
suchte ich schon manches Jahr.

Und ich geb` mir alle Mühen,
seinen Blick auf mich zu ziehen,
flirte und bezirze ihn,
wie es noch niemand hat geseh`n.

Schreck lass nach, da kommt noch einer,
etwas dicker, etwas kleiner,
gibt ihm, dass ich staunen muss,
auf den Mund `nen langen Kuss.

Grinsend sagt er mir zum Schluss,
dass er mich nun fragen muss,
ob ich seinen tollen Mann
mal in Ruhe lassen kann.

So `ne süße kleine Zecke
bräucht` er nicht für seine Zwecke
und es wäre richtig schön,
würd` ich aus der Sonne gehen.

Fassungslos vor Schreck erstarr ich,
so was find ich gar nicht artig.

Weicher Nebel legt schützend
seine Decke über Feld und Flur

Bäume singen das Lied des Herbstes
mit sanfter sehnsuchtsvoller Melodie

Golden und silbrig schimmerne Blätter
tanzen ihren Abschiedsreigen

Wehmut im Herzen, doch voller Dankbarkeit
nehmen sie Abschied vom Baum ihres Lebens

Im Vergehen ihrer leuchtenden Pracht
verschenken sie sich tausendfach
damit sich der Kreis ihres Lebens schließt.

(Brigitte Wacker 2019)

Eine einfache Frage

Lohnt es sich überhaupt,
Bilder zu malen, Bücher zu schreiben, mit
Kindern zu basteln –

Lohnt es sich überhaupt,
heute die Fenster zu putzen, wenn es doch
morgen Regen geben soll –

Lohnt es sich überhaupt,
im Garten Gemüse anzubauen, wo es doch alles
so billig zu kaufen gibt –

Lohnt es sich überhaupt,
die Marmelade selber zu kochen? Auch sie ist viel
billiger im Supermarkt –

Lohnt es sich überhaupt,
zu nähen, zu stricken, Designs zu entwerfen, wo
es doch schon alles fertig konfektioniert viel
preiswerter zu kaufen gibt –

Lohnt es sich für dich –
lohnt es sich für mich –
belohnt es dich –
belohnt es mich –

Lohnt es sich überhaupt,
fragte die Erde, die Menschen zu ernähren, die
mich mit Müll und Gift verseuchen
und sie ließ Bäume und Pflanzen wachsen und
sogar die Rosen erblühen –

Lohnt es sich überhaupt –
fragte das Wasser, zu fließen, zu tränken, wenn Plastik, Gift und Unrat mich angreifen, verschmutzen und verschlämmen
und es ließ eine kleine reine Quelle aus dem Boden fließen –

Lohnt es sich überhaupt,
den Mund aufzumachen, wenn es nur noch taube Ohren gibt und lärmende Menschen und laute Motoren auch die letzte Stille zerstören,
fragten die Weisen mit leiser Stimme –

Lohnt es sich überhaupt,
fragte die Liebe, schaute auf alle misshandelten Kreaturen und Elemente dieser Erde und streichelte zärtlich die Hände einer alten einsamen Frau –

Lohnt es sich überhaupt,
fragte schließlich auch die Hoffnung und sah die Gleichgültigkeit in den Augen der Menschen.
Sie lächelte weise, zündete eine Kerze an und sagte leise: *„Es lohnt sich."*

Die Insel mit den Zauberblumen

Wisst ihr, wo die Träume leben?
Schweben sie am Himmelszelt,
wenn sie ihre Netze weben
und ein Stern vom Himmel fällt?

Heimlich und verstohlen,
auf des Mondes strahlend Schein,
kommen sie geflogen,
mitten in den Schlaf hinein.

Es war einmal vor langer Zeit,
da erhob sich mitten im Ozean eine kleine Insel
aus feinstem gelben Sand. Auf dieser Insel
wuchsen Zauberblumen in allen Farben des
Regenbogens. Sie leuchteten so hell wie die
Sonne und waren von reiner Schönheit.

Immer dann, wenn ein Mensch das kleine Wort „DANKE" auch nur dachte oder aussprach, erhob sich eine dieser Zauberblumen aus dem sandigen Boden, schwebte wie ein Licht zu dem Menschen, dem das Wort „DANKE" geschenkt wurde und verwandelte sich in ein kleines Lächeln. Das Lächeln machte dunkle Tage heller und ließ sogar im schlimmsten Regen die Sonne scheinen.

An der Stelle, wo die kleine Blume gestanden hatte, wuchsen sogleich drei kleine Blumen nach. Durch ihr Leuchten und ihre Farben wurde es nicht nur auf der Insel, sondern auf der ganzen Erde immer heller. Sogar das Wasser des Ozeans wechselte seine Farbe von Dunkelblau in leuchtendes Türkis. Und schon bald nannte man die kleine Insel die „Insel des Lichts".

Die Menschen auf der Erde besaßen nicht viel. Aber sie schenkten sich gegenseitig viel Zeit und halfen einander. An Festtagen trafen sie sich gerne, tanzten und sangen miteinander und machten sich gegenseitig liebevolle Geschenke. Und weil sie sich alle viel Achtung entgegenbrachten, war das Wort „Danke" das meistgebrauchte Wort auf der Erde.
Die Zauberblumen schwebten ohne Unterlass wie ein Licht zu den Menschen und verwandelten sich dann in ein kleines Lächeln. Das war vielleicht eine Freude auf der Erde….

Da sich alle gegenseitig halfen und mit Dank beschenkten, hatten die Menschen bald alles, was ihr Herz begehrte. Sie besaßen ein Haus, ein

Auto, tolle Kleider und Spielsachen, Schmuck und Werkzeug. Man kann sagen, sie waren alle reich und ohne Sorgen und hatten Freude an ihrer Arbeit. Doch schon nach kurzer Zeit wurden die Menschen unzufrieden. Sie gewöhnten sich schnell an all diese Dinge und wollten immer mehr. Die Häuser wurden größer, die Kleider eleganter, die Spielsachen, der Schmuck und das Werkzeug immer wertvoller und kostspieliger. Die Menschen wollten plötzlich anders sein als alle anderen und anstatt sich gegenseitig zu helfen, dachte jeder nur noch an sich selber. Sie kauften und produzierten immer mehr unnütze Sachen, reisten in ferne Länder, jedoch konnten sie sich darüber nicht mehr richtig freuen. Denn auf Dauer wurde es ihnen überall schnell langweilig.

Zu Festtagen machte man sich große Geschenke, über die sich aber die Menschen nicht mehr freuen konnten, denn sie hatten sich auch an die vielen Geschenke gewöhnt. Alles wurde zur Selbstverständlichkeit und so beschenkten sie sich auch nicht mehr mit dem kleinen Wort „DANKE!".

Auf der Insel des Lichts hatte das böse Folgen, denn jedes Mal, wenn ein kleiner Dank fällig gewesen wäre und ihn niemand aussprach, verdunkelte sich eine der Zauberblumen, verkümmerte und starb.

Seltsamerweise bemerkten die Menschen nicht einmal, dass es auf der Erde dunkler wurde. Sie wurden immer mürrischer. In den großen Städten rannten sie wie Ameisen geschäftig umher, arbeiteten, kauften ein, aßen und schliefen. Jeder Tag verlief für sie gleich und eintönig.

Sie freuten sich nicht mehr, denn alle Arbeiten wurden zu Mühsal, Plage und Pflicht. Sie vergaßen das Lachen und die Freude am Dasein, verkümmerten regelrecht und wurden krank. Manche verloren deshalb ihre Arbeit, manche sogar ihr Haus und alles, was sie besaßen. Währenddessen waren auf der Insel des Lichts unbemerkt fast alle Zauberblumen verwelkt oder verdorrt. Lediglich eine gelbe Blume war übrig geblieben und schenkte dem großen blauen Ozean ein kümmerliches mattes Lichtlein.

Am Bahnhof einer großen Stadt saß ein armer alter Mann in zerlumpten Kleidern am Rande der Einkaufsstraße und bettelte mit ausgestreckter Hand um etwas Geld, um sich Nahrung kaufen zu können. Die Menschen eilten vorüber, ohne ihn zu beachten, als ein kleines Mädchen sich plötzlich von der Hand der Mutter löste und vor ihm stehen blieb. Stumm schauten sich beide an. Vorsichtig griff das kleine Mädchen in die Tasche seiner roten Jacke und holte einen klebrigen Bonbon hervor.

„Hier, für dich", sagte es fröhlich und legte den Bonbon in die Hand des bettelnden Mannes. Verwundert schaute der Mann das kleine Mädchen an.

„Danke", sagte er mit leiser Stimme.

In diesem Moment löste sich auf der Insel der Lichts die letzte Zauberblume aus dem Sand, schwebte wie ein Licht zu dem kleinen Mädchen und schenkte ihm ein wunderschönes Lächeln, das den Platz am Bahnhof in ein weiches Licht hüllte.

Währenddessen waren auf der Insel des Lichts drei kleine Blumen aus dem feinen gelben Sand herausgewachsen und erleuchteten zart den blauen Ozean.

Die Welt schien dunkel zu sein wie immer. Das kleine Mädchen aber hatte die Veränderung am Bahnhof sofort bemerkt. Es erinnerte sich an die vielen schönen Geschichten von der Insel des Lichts, die seine Großeltern an dunklen Abenden erzählten und auch daran, dass die Oma immer sagte: „Na, wie heißt das kleine Zauberwort?", wenn es vergessen hatte, „DANKE" zu sagen.

Noch einmal griff es in die Jackentasche und fand darin eine in vielen Farben schimmernde Glasmurmel. Auch diese legte es in die Hand des alten Bettlers, drehte sich um und hüpfte fröhlich von dannen.

„DANKE!", rief der alte Mann hinter ihm her und wieder löste sich eine Zauberblume aus dem Sand der Insel, schwebte wie ein Licht zu dem kleinen Mädchen, verwandelte sich dort zu einem Lächeln und erhellte jeden seiner Schritte. Es hüpfte neben der Mutter her und sang fröhlich:

„DANKE – DANKE – DANKE – D..."

Das Gesicht des armen Bettlers erleuchtete auf geheimnisvolle Weise. Der Platz um ihn herum wurde heller und wärmer, und immer mehr Menschen sahen ihn und wollten ihm helfen. Sie brachten eine Wolldecke, Essen und Trinken, Schokolade und Handschuhe und legten viele nützliche Dinge auf seine Decke. Der alte Mann konnte nur noch „DANKE – DANKE – DANKE!" stammeln.

Immer heller leuchtete der Platz am Bahnhof. Unzählige Blumen flogen als Licht zu den schenkenden Menschen und zauberten Lächeln in ihre Gesichter.
Es blühen schon beinahe so viele Zauberblumen auf der Insel des Lichts wie damals, als diese Geschichte begann.
Aus dem kleinen Mädchen ist inzwischen eine erwachsene Frau geworden. Sie hat zwei Söhne und sogar schon drei Enkelkinder. Sie macht immer noch gerne Geschenke und wenn ihre Kinder und Enkel zu danken vergessen, dann sagt sie ganz leise zu ihnen:
„Na, wie heißt das kleine Zauberwort?"

Mitten im weiten Ozean
ein wahres Wunder ist gescheh`n.
Wer weiß, wie es zustande kam?
Wer hat es je geseh`n?

Kirchturm der Johannes-Kirche in Cuxhaven-Sahlenburg

Das Baumhaus

Urlaubszeit. Ein Ehepaar radelt in Cuxhaven durch die Nordheimstraße.

„Schatz!", ruft sie voller Begeisterung. „Schau mal, ist das ein Baumhaus?"

„Was?"

„Da vorne…! Schau mal, ist das ein Baumhaus?"

Er, wortkarg: „Die Kirche!"

„Was?"

„Das ist eine Kirche!"

Sie, enttäuscht: „Ach so."

Einkauf im Supermarkt

Wer mit offenen Augen und Ohren durch die Welt schreitet, kann allerhand Kurioses erleben. Neulich war ich im Supermarkt an der Fleisch- und Wursttheke. Beide Abteilungen liegen ohne sichtbare Abtrennung nebeneinander.
Es war kurz vor Feierabend und so musste ich nicht lange darauf warten, bedient zu werden. Eine nette Verkäuferin nahm sich meiner an.
Zu mir auf der rechten Seite gesellte sich ein ca. 60jähriger Mann. Dienstbeflissen eilte ein aufmerksamer Mitarbeiter herbei und fragte nach seinen Wünschen.

„Lachsfleisch hätte ich gerne, dünn geschnitten."

Der Verkäufer nahm ein Stück Lachsfleisch aus der Kühltheke, zeigte mit dem Messer ca. einen halben Zentimeter Breite an und fragte:

„Ist es Ihnen so recht?"

„Nein, viel dünner", meinte der Kunde. „Wir wollen es als Brotbelag verwenden."

Der Verkäufer riss ungläubig seine Augen auf.
„So dünn kann ich Ihnen aber das Fleisch nicht schneiden."

Die Wurstverkäuferin, die gerade meinen Aufschnitt in dünne Folie wickelte und interessiert dem Gespräch gelauscht hatte, schaute leicht irritiert zum Kunden hinüber und schüttelte dann missbilligend den Kopf. Der Mann neben mir schaute ratlos auf das Stück Fleisch.

„Was sollen Sie denn holen?", fragte nun der Verkäufer. „Was hat Ihre Frau denn gesagt?"

„Na, ich soll Lachsfleisch holen in hauchdünnen Scheiben."

Der Fleischverkäufer und die Wurstverkäuferin blickten sich an und zuckten mit den Schultern. Mich ergriff das Erbarmen. Meine Güte, warum half dem armen Mann denn niemand. Schließlich wandte ich mich an den überforderten Kunden.

„Sie meinen doch bestimmt Brotaufschnitt", behauptete ich mitfühlend und sah ihm klar in die Augen.

„Ja, natürlich!" – Dankbar schaute er mich an.

„Dann kommen Sie bitte zu mir an die Wursttheke. Hier bekommen Sie Lachsfleisch als Bratenaufschnitt."

Bis heute habe ich nicht verstanden, dass die beiden Verkäufer nicht selbst erkannten, dass der Mann einen Brotbelag wollte und kein rohes Fleisch für sein Feierabendbrötchen. Nicht jeder Kunde sieht unsichtbare Trennwände an einer Wurst- und Fleischtheke.

Womit wieder einmal bewiesen ist: Die schönsten Geschichten schreibt das Leben selbst.

Kleine Versprecher

Ernteglück

Sonntags am frühen Morgen. Schlaftrunken reibt sie sich die Augen und schaut aus dem Fenster.

„Schatzi, guck mal, die riesengroße Birne an unserem kleinen Apfelbäumchen. Das ist soooo niedlich."

Unterrichtsarbeit

Die Dozentin und ihr Lieblingsschüler gehen in der Mittagspause spazieren. Sie erklärt ihm lang und breit die einzelnen Arbeitsschritte der anstehenden Arbeit.

„Ich weiß", sagt sie entschuldigend, „solche Recherchen sind eine reine Syphilisarbeit!"

Er erstarrt innerlich. Sie schaut ihn fragend an. Breit grinsend erklärt er ihr:
„Du meintest wohl „Sisyphus!"

Ein schamvolles Erröten ihrerseits ist hier wohl für alle verständlich.

Zwiegespräch mit Claus

Du malst ein Bild.

Mit Stacheldraht umwickelt
fliegt dein Herz
durch Raum und Zeit.

Du malst -
Eiskalt flirrender Raum
lässt dich frieren.

Du sagst –
es wird schon jemand kommen,
der ihn von dir nimmt,
den Stachel, den Draht, den Selbstschutz.

Du sagst –
jemand wird dich erkennen
und dich befreien.

Du spürst -
jeder Schlag deines Herzens tut dir weh,
jeder Pulsschlag deines Seins hindert dich,
zu fliegen.

Ich frage -
warum fügst du dir Schmerzen zu?

Ich sehe -
du selber bist es, der dich hindert
zu leben und frei zu sein.

Ent-wickel dich
und lass die Wunden heilen.

Gedankensplitter

Wie du mir sagtest,
brauchst du in deinem Leben einen festen Halt.
Gib ihn dir selber,
bleib aufrecht und zielgerichtet.
Oder …
kann man an einem Handlauf
eigene und neue Wege gehen?
Und …
wer sich festhält
kann nichts in den Händen halten
und wer die Hände gefüllt hat-
was könnte man hineingeben?

Wahr – oder unwahr –
klar – oder unklar –
nichts ist wahr –
nichts ist klar –
sonderbar –

Nichts ist wirklich –
wirklich nichts –
wirklich ist nichts –
nichts ist nichts.

- - -

Zufall – vielleicht!
Schicksal – möglich!
Bestimmung – von wem?
Vorsehung – wohl kaum!
Glück – eventuell.
Magie – schon gar nicht.

Was mich betrifft...

Es war einfach eine Entscheidung
zwischen Möglichkeiten,
in Bruchteilen von Sekunden
von mir entschieden.
Sonst wäre ich OPFER,
wenn auch glücklicher Umstände,
aber was hätte das schon mit mir zu tun?

Der Rosenbaum

Es war eine schwere dunkle Nacht. Leise Geräusche drangen wie durch Watte in meinen Schlaf. Mühsam öffnete ich die Augen und sah einen schwachen Lichtschein im Esszimmer, das durch einen kleinen Flur von meinem Schlafzimmer getrennt lag. Der Lichtschein bewegte sich langsam hin und her. In diesem Moment wusste ich, wir haben Einbrecher im Haus.
Ich war sofort hellwach. Leise erhob ich mich, schlich langsam zur Tür und zog sie vorsichtig zu. Kein Laut ertönte, als ich den Schlüssel im Schloss vorsichtig umdrehte.

Ich griff zu meinem Handy und wählte den Notruf. Der Mann am anderen Ende meinte nur, er wäre alleine auf der Dienststelle und könne uns nicht helfen. Seine Kollegen wären alle anderweitig im Einsatz. Wir müssten alleine mit der Situation fertig werden. Fassungslos legte ich das Handy beiseite. Wir mussten die Wohnung unbemerkt verlassen, um in Sicherheit zu sein. Behutsam weckte ich meinen noch schlafenden Ehemann, flüsterte ihm zu, er möge sich ruhig verhalten und öffnete leise die Tür zu unserem Balkon. Die Höhe machte uns keine Angst. Still und behände kletterten wir unbemerkt über das Geländer und ließen uns in die feuchten Blumenrabatten fallen. Wir mussten nur noch durch den Garten und über eine Straße laufen, um Hilfe zu holen.

Wie in Zeitlupe bewegten wir uns vorwärts. Schon dämmerte der Morgen. Der Himmel öffnete seine Schleusen und dicke weiche Schneeflocken schwebten auf uns herab. Doch was war das? In einem Garten auf der rechten Seite der Straße sah ich einen großen Baum mit ausladenden noch winterkahlen Zweigen, an denen riesige zartrosa Rosenblüten in voller Blüte standen. Diese Blüten hatten einen Durchmesser von fast einem Meter. Nie zuvor hatte ich etwas so Beeindruckendes gesehen. Wie gebannt blickten wir auf die Schönheit dieses Rosenbaumes und …

in die Stille dieses zauberhaften Bildes ertönt das Klingeln eines Weckers. Schlaftrunken öffne ich die Augen. Es ist sechs Uhr in der Früh. Alles war nur ein Traum.

Das verlorene Paradies

Es war einmal ein Gärtner, der besaß einen Garten, der prächtig anzuschauen war. In jeder freien Minute hegte und pflegte der Gärtner seine Bäume und Pflanzen mit großer Liebe.
Viele Menschen bewunderten diesen Garten, den er als „kleines Paradies" bezeichnete. Jahr für Jahr erntete der Gärtner große Mengen an Obst und Gemüse. Die Vögel bauten in den Bäumen ihre Nester. Schmetterlinge und Bienen umschwärmten die unzähligen Blumen und Blüten. Ein kleiner Teich beheimatete Seerosen, Libellen und Frösche. Oft stand der Gärtner in seinem Garten, plante und pflanzte, hackte und jätete und natürlich war er sehr stolz auf sein Werk.

Die Jahre gingen ins Land. Doch dann….
Ein heißer Frühling war ins Land gezogen. Ihm folgte ein noch heißerer Sommer. Kein Tropfen Regen fiel vom Himmel. Brunnen und Teich trockneten aus. Die Bäume verloren ihre Blätter und brachten keine Früchte hervor. Viele Blumen und Sträucher verdorrten. Der Herbst brachte Stürme, aber nur wenig Regen. Ihm folgte ein langer kalter trockener Winter.
So sehr sich der Gärtner im folgenden Frühjahr auch mühte, die Blumen, Gräser, Sträucher und Bäume wollten nicht mehr so recht grünen und blühen und die neue Saat wollte nicht aufgehen.
Der Garten bot ein Bild des Jammers.
Der Gärtner wurde sehr traurig. In seiner Not betete er viel und Gott erhörte sein Flehen und

führte ihn fort in ein neues Land. Aber wohin der Gärtner auch schaute, er fand keinen geeigneten Platz für einen neuen Garten. So geriet er in Sorge, was nun mit den kostbaren wenigen Samen und Wurzeln, die er in seinem Gepäck mitgenommen hatte, geschehen sollte. Wieder betete er und flehte zu Gott um Erbarmen.

Ein zweites Mal erhörte Gott seine Gebete und binnen eines Jahres fand der Gärtner geeigneten Boden mit fruchtbarer Erde. Er begann, seine Saat vorsichtig in die Erde zu bringen.
Bald schon begannen die ersten Pflänzchen zu sprießen. Der Gärtner war überglücklich. Fleißig grub und pflanzte er, entfernte Unkraut, sammelte Samen ihm unbekannter Blumen und sorgte dafür, dass auch die Vögel, Insekten und Frösche in seinem Garten ein zu Hause fanden. Von Jahr zu Jahr wurde seine Ernte üppiger. Voller Dankbarkeit sah der Gärtner sein zweites kleines Paradies wachsen und gedeihen.

Leider ist in dieser Welt nichts von Dauer. Betrübt musste der Gärtner mit ansehen, dass heftige Stürme seinen Garten vernichteten. Regen fiel ohne Unterlass und zu allem Unglück traten im ganzen Land die Flüsse über die Ufer und zerstörten Wälder und Flure.

Der Gärtner war verzweifelt und wollte gar nicht einsehen, dass seine Arbeit schon wieder zerstört worden war. Sogar seine bescheidene Unterkunft hatte er verloren. Alles war ihm genommen worden. Er besaß nicht mehr, als sein kleines nacktes Leben.

Er jammerte, lamentierte und klagte. Er war ärgerlich und wütend. Wie sollte es nun weitergehen? Doch bald schon besann er sich. Schließlich war ihm seine Kraft, Gesundheit und auch die Hoffnung geblieben, dass alles doch noch gut werden würde.

Der Gärtner fing wieder an zu beten und er redete mehr mit Gott als je zuvor. Irgendwann, dachte er, würden seine Gebete erhört werden. Irgendwann würde Gott seine Arbeit endlich auch segnen.

Schweren Herzens machte sich der Gärtner erneut auf den Weg, zurück in das Land seiner Ahnen Noch einmal fand er ein geeignetes Stück Land. Total erschöpft begann er, das Unkraut zu entfernen, Bäume und Sträucher zu pflanzen und Saat einzubringen, um aus dem kleinen Fleckchen Erde ein Paradies für Bäume, Blumen, Vögel und Insekten zu schaffen.

Natürlich wird es wieder Jahre dauern, bis der Garten so wunderschön und üppig bewachsen ist, wie es seine ersten beiden Gärten einmal waren. Und wieder wird es mühevoll sein, das wild sprießende Unkraut auszureißen, den Boden zu hacken und zu gießen, bis der Gärtner mit seiner Arbeit zufrieden sein kann.

Bis zur ersten großen Ernte wird sicher viel Zeit vergehen. Aber eines ist gewiss, der Gärtner wird auch in Zukunft eines nicht verlieren, nämlich

den Glauben an seine Kraft und an seine Träume,
die Welt schöner und reicher zu gestalten.

(Die Gärtnerin, Acryl auf Hartplatte)

Wundertüte

Du bist des Lebens Wundertüte,
angefüllt mit lauter Samen,
und was so alles in dir steckt,
vermagst du kaum zu ahnen.
Glaubst du an Zufall und Magie,
entdeckst du deinen Inhalt nie!
Lerne die Samen zu erkennen,
und sie mit Namen zu benennen.
Schau, was du mehrst - schau, was du rupfst,
ob es dir gut tut oder nutzt.
Das, was dich freut, kannst du getrost vermehren,
dann kannst du reichlich davon zehren.
Mag es Nahrung oder Freude sein,
stets musst du Samen dir bewahren,
denn reichen sollte deine Saat
für alle deine Lebensjahre.
Du bist des Lebens Wundertüte,
angefüllt mit lauter Samen,
und was so alles in dir steckt,
vermagst du kaum zu ahnen.
Schau, was in deinem Garten wächst,
mit wachen Augen an,
damit die Ernte, die du bringst,
dein größtes Wunder werden kann.

Drei kleine Wunder

An manchen Tagen ist es wie verhext. Man verlegt die Geldbörse, das Auto springt nicht an, man hat verschlafen, die Heizung fällt aus und so weiter. Aber so war es nicht an diesem Tag. Alles klappte wie am Schnürchen. Dazu lachte die Sonne vom Himmel, Herz, was willst Du mehr.
Ein Blick in den Spiegel, noch schnell die Haare durchgekämmt, doch dann – oh Schreck, mein Lieblingsohrstecker ist weg. Ich schaute im Badezimmer nach, doch leider lag er nicht auf dem Fußboden. Mit meiner Taschenlampe suchte ich unter den Schränken, doch ich fand ihn nicht.
Im Schlafzimmer, Esszimmer, Flur und Bad, im Wohnzimmer, Treppenhaus, Atelier und Büro, nirgends konnte ich den wunderschönen Ohrstecker finden. Zum Glück half mein Mann bei der Suche. Da ich die Stecker auch des Nachts getragen hatte, nahmen wir mein Bett beinahe auseinander. Jeder Winkel wurde durchsucht. Jedoch wir fanden nichts. Erst zu Weihnachten hatte mir mein Mann diese herrlichen Ohrstecker geschenkt, da sie so wunderbar zu einem Kettenanhänger passten. Sie waren silbern mit einem blauen Topaz.
Der Tag war für mich gelaufen. Wieso hatte ich nicht sofort den Verlust bemerkt. Aber gestern muss ich die Stecker doch noch gehabt haben, sinnierte ich.
Der Tag war gefüllt mit vielerlei Arbeit, jedoch kreisten meine Gedanken immer wieder um den Verlust des Schmucks. Zur Nacht hatte ich mich damit abgefunden, legte den verbliebenen

Ohrstecker auf meinen Nachtschrank und legte mich kurz vor Mitternacht schlafen. Gegen Morgen hatte ich einen sonderbaren Traum. Ich sah blau glitzernd meinen Silberstecker im Garten auf dem Rasen liegen. Sofort war ich hellwach. Während sich mein Mann noch im Land der Träume befand, schlich ich aus der Wohnung und leise die Treppe hinunter, um dann zur Haustür hinaus durch den Vorgarten in den großen Garten hinter dem Haus zu gelangen. Natürlich war ich noch mit Pyjama und nur mit leichten Hausschuhen an den Füßen bekleidet. Die Sonne war bereits aufgegangen, die ersten Vögel sangen ihre Lieder, Morgentau lag auf den Gräsern und ich lief zielgerichtet über den Rasen. Dort funkelte doch tatsächlich zwischen den im Morgenlicht glitzernden Gräsern hellblau schimmernd und lockend mein verlorener Ohrstecker.
War es Zufall? Niemals!
War es Glück? Von wegen!
War das ein Wunder? Unbedingt ja!

*

Wie das Leben so spielt, verlor ich Monate später ein weiteres Schmuckstück, als ich mit meinem Hund die Morgenrunde lief. Ich bemerkte den Verlust leider erst zu Hause, als ich meine Jacke auszog. Erst vor wenigen Tagen hatte ich auf dem Wochenmarkt einen wundervollen Edelsteinanhänger mit Lederband entdeckt und sofort käuflich erworben. Es handelte sich um einen länglichen Labradorit, einem Feldspat in unscheinbarer graugrüner Farbe, der je nach Lichteinfall mit herrlichem Blauschimmer begeisterte. Mit diesem geheimnisvollen Farbenspiel hatte er mich in den Bann gezogen. Er passte zu mir und meiner Persönlichkeit vortrefflich. Und nun war er weg. Ich musste ihn suchen und wieder finden. Also lief ich ohne Hund den ganzen Weg noch einmal ab, sorgfältig jeden Meter kontrollierend. Aber der Stein blieb verschwunden. Da mein Mann wusste, wie viel mir der Labradorit bedeutete, machte auch er sich auf den Weg. Doch obwohl er noch viel länger als ich unterwegs war, fand er ihn ebenfalls nicht.

Mittags war die nächste „Hunderunde" fällig und ich beschloss, noch einmal den ganzen Weg abzusuchen. Ich war kaum hundert Meter von unserem Haus entfernt, als ich in ca. fünf Metern Entfernung etwas Seltsames auf dem Bürgersteig liegen sah.

„Eine große Scherbe", dachte ich mir und ging näher. Und dann: „Das kann doch nicht wahr sein! Das gibt es doch gar nicht!".

Wie groß war mein Erstaunen, als ich meinen Edelstein dort liegen sah. Behutsam nahm ich ihn auf, entdeckte außer einer Schramme auf der Rückseite keinerlei Beschädigungen. Sogar die Sonne schaute plötzlich durch die dicke Wolkendecke und der Stein schimmerte bläulich irisierend, als hätte er nur auf uns gewartet. Was für ein Wunder, so groß und unfassbar in meiner kleinen Welt.

In mir fühlte ich nur noch tiefes schweres Glück.

Als wären zwei Wunder nicht genug, folgte noch eines, wieder meinen Schmuck betreffend.

Robert, mein verstorbener Freund, hatte mir vor Jahren eine Goldkette geschenkt. Nach seinem Tod konnte ich die Kette nicht mehr tragen. So hatte ich sie eines Tages gegen zwei Paar Ohrstecker eingetauscht. Einen davon hatte ich schon vor Monaten verloren, jedoch am gleichen Tag im Auto wieder gefunden. Aber eines Tages steckte der Ohrschmuck zwar noch in meinem Ohr, jedoch war der Bernstein verschwunden, der leider nur eingeklebt und nicht eingefasst war. Zentimeter für Zentimeter suchten mein Mann und ich alle Zimmer unserer Wohnung ab, natürlich mit Taschenlampe bewaffnet. Wir ließen überdies die Finger sacht über den Teppichboden gleiten, doch der kleine Bernstein war partout nicht zu finden. Mein Mann suchte zum dritten Mal im Wohnzimmer, in den Ritzen der Couch, im Teppich etc., während ich richtig wütend wurde.
Schließlich besaß ich nicht sehr viel Schmuck, aber jedes Teil hatte seine eigene Geschichte und bedeutete mir viel. Ich war dermaßen in Rage, dass ich lauthals vor mich hin lamentierte. Und dann schimpfte ich mit Robert. „Das sind Erinnerungen an Dich!", sagte ich wütend. „Du hättest ja auch darauf aufpassen können. Du weißt, wie viel sie mir bedeuten. Nun hilf mir mal. Von „oben" hast Du sowieso den besseren Überblick."
Plötzlich erhob sich unser Hund und wollte aus dem Zimmer ins Treppenhaus und von dort in sein Körbchen. Missmutig öffnete ich ihm die Tür.

Doch was war das? Auf der Hundedecke entdeckte ich tatsächlich den winzigen halbrunden Bernstein. Entweder hatte er sich im dicken Bauchfell des Hundes verborgen oder der Hund hatte ihn extra für mich bewacht.

War es Glück? War es Zufall? Ein Zeichen von Robert?
Für mich war und blieb es ein nicht alltägliches Wunder. Und scheinbar gibt es davon viel mehr, als wir für möglich halten.

Oma Anna und das Haus meiner Kindheit

„Oma, du weinst ja!" Mit großen Kulleraugen sah mich die kleine Ellen an. „Bist du traurig?"
„Ach Kleines, komm mal auf meinen Schoß!"
Zwei kleine Ärmchen umschlangen meinen Hals und ein feuchter weicher Mund drückte einen nassen Kuss auf meine Wange.

„Oma, hast du auch eine Oma?" Neugierig sah mich die Vierjährige an.

„Ja, ich hatte auch eine Oma." Ich fühlte mich schon wieder viel besser. „Ich hatte sogar zwei Omas. Die Mama von meiner Mama hieß Lina und wohnte gut zwei Fahrradstunden von uns entfernt. Die Mama von meinem Papa hieß Anna und wohnte mit meinem Opa Wilhelm zusammen mit uns in einem großen Bauernhaus. Bei uns lebten eine Katze, ein Hund, zwei Schweine, eine Kuh und ganz viele Hühner. Wir hatten einen großen Garten, in dem unser Gemüse wuchs. Es gab einen kleinen Obsthof mit alten Apfel-, Birn-

und Zwetschgenbäumen. Für die Kuh hatten wir drei große Weiden, damit sie im Sommer genug zu fressen hatte. Die Weiden wurden gemäht und wir machten Heu, damit die Kuh auch im Winter genügend Futter hatte. Dann besaßen wir noch einen Acker, auf dem wir Kartoffeln, Kohl und Getreide anbauten."

Jetzt wurde die Geschichte zu lang für die kleine Ellen. Unruhig rutschte sie von meinem Schoß und lief durch den großen Garten zu ihrer Spielecke mit Sandkasten, Schaukel und Rutsche. Im hinteren Teil des Gartens war mein Sohn gerade dabei, Beete und Rasenflächen anzulegen. Der Hausbau war abgeschlossen. Nun galt es, die Außenarbeiten zu erledigen. Ich brauchte mich daran nicht zu beteiligen, sondern war eingeladen, hier in der Sonne zu liegen und mich zu erholen. Bevor ich mich meinen Tagträumen hingab, sah ich noch, wie meine Enkelin ihre Schaufel und einen kleinen Eimer holte, um ihrem Papa zu helfen.

Ich schloss die Augen, spürte die Sonne auf meiner Haut und ließ mich von meinen Gedanken in das großartige Reich meiner Kindheit tragen.
So lange meine Großeltern lebten, genoss ich aufregende Jahre. Unser Fachwerkhaus hatte neben den Wohnungen der Großeltern und Eltern Stallungen für die Tiere. Vom Hof aus kam man durch eine viergeteilte grüne Dielentür in einen geräumigen Vorraum mit Zementfußboden. Dort wurden allerlei Arbeitsgeräte gelagert sowie eine große Kiste mit Schrot für die Schweine, eine

Maschine zum Schnetzeln von Grünfutter und ein riesiger Leiterwagen, der zur Heuernte eingesetzt wurde.

Die Heuernte war immer ein ganz besonderes Erlebnis. Wir Kinder waren oft mit Großvater auf der Wiese und durften beim Heu wenden helfen. Wir genossen den Duft des sommerwarmen trocknenden Grases, das anfangs so weich war und später herrlich rau piekste. Wenn es dann endlich ganz trocken war, half die ganze Familie beim Heu einbringen. Das Pony meines Onkels wurde vor den Leiterwagen gespannt und dann zur Wiese geführt. Dort wurde das viele Heu von den Erwachsenen mittels Heugabeln aufgeladen. Anschließend ging es fröhlich zurück zum Hof. Zwei Erwachsene mussten dem Pony beim Ziehen helfen, die anderen schützten seitlich vom Wagen die kostbare Fracht. Wir Kinder liefen, hüpften und sprangen hinterher und hätten gerne obenauf gesessen. Doch das durften wir nicht. Das Heu sollte luftig und sauber bleiben. Schließlich war es Futter und Streu für die Tiere und wir lernten früh, mit unseren Tieren gut und sorgsam umzugehen. Obwohl unsere Schweine geschlachtet wurden und unserer Nahrung dienten, wurden sie mit Respekt und Achtung behandelt.

Das Heu wurde auf dem geräumigen Dachboden gelagert. Hoch über der Dielentür befand sich eine weitere Tür, durch die über eine Leiter das Heu mittels Heugabeln nach oben transportiert wurde. Oben auf dem Boden stand meistens mein Opa und zog das Heu hinein.

In den folgenden Tagen wurde der Heuboden immer wieder gelüftet, damit eventuelle Restfeuchte nach draußen gelang.

In meiner Kindheit habe ich viele Bauernhöfe brennen sehen. Die Ursache dafür war das feuchte Heu, das sich unter dem Dach erwärmte und schließlich anfing zu brennen. Davor hatten meine Großeltern und Eltern große Angst und so musste bei sommerlichen Temperaturen immer wieder nachgeschaut werden, dass alles in Ordnung war.

Zum Dachboden kam man im Haus über eine alte morsche Holzleiter, deren Sprossen mitunter zerbrachen. Auf diesen Boden durften wir Kinder nur unter Aufsicht klettern. Mein Opa hielt die Leiter fest und wir begaben uns dann nicht auf den Heuboden, sondern auf den anderen Teil der großen Fläche. Dort wurde alles gelagert, was nicht mehr gebraucht wurde. Es war ein richtiges Paradies für uns Kinder.

Alte vom Holzwurm zerfressene Möbel standen dort. Wir entdeckten geheimnisvolle Kisten mit verrosteten Musikinstrumenten, Holzkeulen, alten Schuhen und Stiefeln sowie Gerätschaften, die zerbrochen waren und vieles mehr.

Alle paar Jahre wurde hinter dem Haus eine tiefe Grube gegraben und alles Unbrauchbare dort hineingeworfen. Dann kam die ausgehobene Erde darauf und der Müll wurde regelrecht beerdigt. Ich kann mich an eine Zither erinnern, die ich versuchte zu retten. Leider wurde mir das verrostete Teil dann doch aus der Hand genommen und sie wurde Opfer der Zerstörungswut meiner Eltern und Großeltern. Oma tröstete mich anschließend. Sie holte mich in ihre Stube und filterte Kaffee nach, den ich dann mit drei oder vier Stückchen Zucker gesüßt trinken durfte.

Mit vier Jahren konnte ich bereits Zeitung lesen und durfte meiner Oma einzelne Artikel vorlesen. Nach dem Kaffeetrinken spielten wir Karten. Ein heiß geliebtes Kartenspiel hieß *„Hahn und Henne"*, dass alle Familienmitglieder kannten und gerne miteinander spielten. Alle hatten Freude daran. Wer verlor musste entweder krähen oder wie ein Huhn gackern.

Meine Oma war eine geduldige Frau, bei der ich auch Staubwischen durfte. Dazu bekam ich einen Pinsel in die Hand und durfte die Verzierungen und Schnitzereien ihres Sorgensessels und der anderen Stühle sauber putzen.

In der *„Sniederfier"*, das heißt Schneiderfeier und bedeutete: *„in der Dämmerung"*, durfte ich auf Omas Holzschemel sitzen und still neben ihrem Sessel sitzen. Dann ruhte sie aus und schaute nach draußen. Radio hörte sie nur selten und einen Fernseher gab es noch nicht. Wir sahen dem Lichtschein der wenigen vorbeifahrenden Autos nach. Dieser Lichtschein drang durch ein kleines Seitenfenster in das Wohnzimmer ein, um anschließend durch zwei weitere Fenster von der einen Wand zur anderen zu huschen und für einen kurzen Moment das Zimmer in ein diffuses Licht zu hüllen. Wir versuchten dann, mit unseren Händen Tiere als Schattenspiel an die Wand zu zaubern. Dieses Spiel erforderte viel fleißiges Üben. Besser funktionierte es bei Kerzenlicht, aber Kerzen waren sehr teuer und man musste sparsam damit umgehen.

Ich war täglich bei meiner Großmutter und sang ihr Lieder vor, erzählte von meinen Kletterkünsten in den Apfelbäumen, von Fröschen und Libellen, die ich gesehen hatte und von den Erlen, die am Graben vor dem Haus wuchsen und in denen mein Bruder und ich uns aus Zweigen, Ästen und Laub kleine Höhlen bauten.

Wir alle hatten viel und gut zu essen. Schließlich verstanden sich meine Eltern und Großeltern auf das Wurstmachen. Mitten im Haus gab es eine kleine Rauchkammer. Dort wurde der Schinken geräuchert. Für diese Arbeit war anfangs mein Großvater zuständig. Später wurde diese Verantwortung an meine Mutter weitergegeben. Mein Vater verstand von diesem Handwerk nicht viel. Er arbeitete tagsüber im Büro und war abends noch für die Deutsche Bundespost und ein Versicherungsunternehmen tätig. Er verdiente nicht sonderlich viel, doch da wir uns mit Fleisch und Eiern, Gemüse und Kartoffeln selbst versorgten, reichte das Geld meistens.

Die Milch unserer Kuh lieferte meine Oma an die Molkerei. Unsere fruchtbaren Wiesen gaben der Kuh gute Nahrung und unsere Kuh schenkte uns dafür fette Milch. Manchmal schöpfte meine Großmama an zwei bis drei Tagen die Sahne ab und machte Butter daraus.

Einen Teil der Milch behielten wir für uns. Diese Milch wurde abgekocht und dann für Milchreis, Milchsuppe oder Kakao verwendet.

Und dann die vielen Eier unserer Hühner! Es standen oft und reichlich Rührei mit Speck, Pfannkuchen, Spiegelei und gekochte Eier auf unserem Speiseplan. Wenn dann immer noch zu viele Eier übrig blieben, wurden sie gekocht und auf Brot geschnitten. Auf diese Weise sparten wir unsere wertvolle Wurst. Nur selten verkaufte meine Oma Eier an benachbarte Familien, doch gab es ein wenig Geld dafür. Obwohl die Hühner bei uns durch den Obsthof und einige Teile der Grünanlagen frei laufen und scharren durften, musste sehr viel Futter zugekauft werden und das war teuer.

Für meine Großeltern war es eine arbeitsreiche und entbehrungsreiche Zeit. Wir Kinder, mein

Bruder und ich, spürten davon noch nicht viel. Wir waren immer hungrig und aßen gerne und viel.

Unser Haus hatte ein schützendes Dach aus Reet. Mein Großvater schnitt dieses Reet im Spätsommer, damit wir, wenn der Sturm unser Dach mit großen Löchern versah, diese auch wieder flicken konnten. Mein Opa kam oft mit blutenden zerschnittenen Fingern nach Hause. Das Reet zu schneiden war eine unangenehme Arbeit und Oma musste abends seine Hände immer wieder verbinden. Sie schimpfte dann, weil er die groben Arbeitshandschuhe nicht anzog. Jedoch konnte mein Opa mit bloßen Händen viel schneller und effektiver arbeiten.

Von der Diele aus kam man direkt in die Küche meiner Großeltern. An der rechten Wand stand ein hölzerner Küchenschrank mit einem dreitürigen Unterschrank, auf dem ein etwas kleinerer, ebenfalls dreitüriger Oberschrank stand. Der Mittelteil hatte Glastüren, damit jeder das Geschirr und schöne Gläser sehen konnte. Der Küchenschrank diente nicht nur als Geschirrschrank, sondern es wurden darin ebenfalls Zucker, Mehl und andere Lebensmittel bevorratet. Hinter der linken oberen Tür bewahrte meine Oma in großen Einweckgläsern und nach den Legetagen geordnet die Eier auf. Einen Kühlschrank gab es leider noch nicht.

Neben dem Küchenschrank führte eine Tür in die Speisekammer. Wenn wir geschlachtet hatten, wurden die Mettwürste dort zum Lufttrocknen aufgehängt. Das sah sehr lecker aus. Einige Regale waren auf einem Podest an der Wand angebracht, um Leberwurst, Rotwurst und Sülze, die in kleine Gläser eingekocht waren, zu lagern. Über eine kleine Holztreppe gelangte man in den unteren Teil der Kammer, einen Miniaturkeller. Durch das hohe Grundwasser stand dieser Keller leider oft unter Wasser. Dann musste die ganze Familie antreten zum Wasserschöpfen. Zuerst ging es mit Eimern, dann mit Blechdosen und schließlich mit Leuwagen und Feudel zu Werke.

Alles musste sehr schnell geschehen, denn im Keller stand auf einem niedrigen Podest eine mit Pökelsalz gefüllte Holzkiste. Dort hinein kam das Fleisch, um gepökelt zu werden, d.h. es wurde haltbar gemacht. Wie gesagt, es gab keine andere Kühlmöglichkeit.

Der Fußboden der Küche war schwarz-weiß gefliest. Die Küche hatte eine Außentür, die den Gästen des Hauses als Eingangstür diente. Von dort aus kam man direkt in den Blumengarten meiner Großeltern.

Vor dem großen Sprossenfenster stand ein riesiger Holztisch, der einen schwenkbaren Auszug besaß. Bediente man diesen, so gab er zwei eingelassene emaillierte Schüsseln frei. In der einen Schüssel wurde abgewaschen, in der anderen das saubere Geschirr zum Abtropfen hineingestellt. Natürlich war es auch im Sommer absolut praktisch, die Früchte und das Gemüse dort zu waschen.

Der Tisch bot sechs Personen die Möglichkeit zum Essen und zur Küchenarbeit. Nach dem

Mittagessen wurde eine saubere bestickte Decke aufgelegt zum Zeichen, dass die Arbeitszeit in der Küche beendet war. Ein paar Blümchen wurden daraufgestellt und alles sah adrett und ordentlich aus. Lieber Besuch durfte jedoch nie in der Küche sitzen. Das war den Lieferanten und dem Schornsteinfeger vorbehalten.

Zwischen dem Tisch und der Tür zum kleinen Hausflur stand ein weißer Eisenherd, der mit Holz, Brikett und Kohlen den Raum beheizte. Der Herd verfügte über einen geräumigen Backofen. Außerdem gab es Herdplatten. Das waren mehrere ineinandergreifende geschmiedete Ringe, die ermöglichten, verschieden große Töpfe und Pfannen zum Kochen zu verwenden. Der Herd wurde übrigens auch benutzt, um die Wäsche auszukochen, denn eine Waschmaschine gab es nicht. Dazu wurde ein großer Topf mit Seifenwasser und der schmutzigen Wäsche zum Kochen gebracht. Die Wäsche wurde dann mit einem Rundholz „durchgestukt". Das bedeutet, dass die Wäsche durch Stoßen und Rühren immer wieder untergetaucht wurde. Anschließend kam die Wäsche in eine Zinkwanne, die auf zwei Hockern stand und wurde mittels Waschbrett und mit bloßen Händen saubergewaschen.
 Das Wasser für die Wäsche und auch zum Trinken mussten wir vom Dorfbrunnen holen. Meist erledigte dieses mein Großvater, während meine Mutter und meine Oma das Wasser zum Trinken abkochen mussten, denn eine Wasserleitung gab es noch nicht. Die Wäsche musste mehrfach gespült werden, bis das Wasser

klar und sauber war. Dann wurde dieses in einem Regenfass, Kannen und Töpfen gesammelt und weiterhin zum Blumengießen verwendet. In sehr trockenen Sommern gab der Dorfbrunnen kein Wasser mehr und das war sehr schlimm für alle. Dann mussten wir das teure Wasser in Flaschen kaufen und durften uns auf keinen Fall schmutzig machen.

Eine lustige Anekdote fällt mir dabei ein. Meine Oma goss immer den Inhalt ihres Nachttopfes an ihre schönen Teerosen. Diese Rosen blühten herrlich und beschenkten alle mit einem süßen berauschenden Duft. Meine Oma wurde immer wieder gelobt für ihr gutes Händchen in Bezug auf ihre Rosen. Es war unser Geheimnis, wie sie diese Blumen zum Blühen und Gedeihen brachte.

Der Waschtag war immer Furcht einflößend für uns Kinder. Während meine Oma ihre schwere Arbeit ohne zu klagen erledigte, war meine Mutter an diesen Tagen übellaunig und mürrisch. Wenn die Wäsche endlich gewaschen und gespült war, musste sie kräftig ausgewrungen werden. Das war sehr anstrengende Arbeit. Schließlich gab es keine Wäscheschleuder, geschweige denn, einen Wäschetrockner. Die Wäsche wurde anschließend draußen an die Leine gehängt und vom Wind getrocknet. Schlimm jedoch war es, wenn es über Tage regnete. Dann durften wir uns auf keinen Fall schmutzig machen, schließlich gab es keine Möglichkeit, die Wäsche zu trocknen.
Bei meinen Großeltern war es anders. Sie hatten als Ausweichmöglichkeit die Diele. Dort befand

sich eine Wäscheleine, jedoch wurde auch diese nur im äußersten Notfall genutzt, schließlich duftet es in Stallungen nicht nach Parfum. Es gab aber vor und über dem Küchenherd eine Metallstange, über der man wenige Handtücher oder einige Bekleidungsstücke trocknen konnte.

Meine Oma gab mir Geborgenheit und Liebe. Sie legte sehr oft ihre schützende Hand über mich und hatte mich sogar noch lieb, als ich ihr eines Tages eine tote Maus auf die Schürze legte. Ich wusste, dass meine Oma Angst vor Mäusen hatte. Unsere Katze fing oft Mäuse, ohne diese zu fressen. Dann lagen sie überall herum. Ich fand die Mäuschen niedlich und brachte sie zum nahen Graben, um sie dort abzulegen, damit sie nicht einfach in den Müll geworfen wurden. Oma war sehr erschrocken über die tote Maus, aber sie schimpfte nicht mit mir. Ihre Worte waren viel schlimmer! Sie sagte mir ganz ruhig, dass ich ein böses Mädchen sei und sie darüber sehr traurig wäre. Ich schämte mich für mein Verhalten und bat weinend um Verzeihung. Doch sie tat, als höre sie mich überhaupt nicht. Tränen flossen wie Sturzbäche, doch auch das rührte sie nicht sonderlich. Sie saß nur da und schaute aus dem Fenster.
Ach, wie froh war ich, als meine Oma dann endlich wieder gut mit mir war. Aber das dauerte sehr lange für ein kleines Mädchen. Sicher waren es gefühlte viele Tage und nicht bloß wenige Minuten. Ich habe meine Oma nie wieder geärgert.

Die Wohnung meiner Großeltern war geräumig und ich fand es dort gemütlich und wunderschön. Mein Onkel war Malermeister und verschönte die Zimmer mit gestreiften oder geblümten Tapeten. Wie das duftete!

Wenn mein Onkel nicht persönlich anwesend war, ärgerten mein Bruder und ich gerne die Malergesellen und Lehrlinge. Dann schlichen wir um das Haus herum bis zu einem der geöffneten Fenster, sprangen plötzlich aus unserem Versteck und riefen: „Malermeister Schimmele", denn die Maler sahen in ihren weißen farbbeklecksten Kitteln aus wie befleckte Schimmel. Uns machte es eine große Freude, diese Worte zu rufen, bis eines Tages der Geselle im Zimmer vor dem Fenster bereits auf uns wartete und rief: „Warte nur, du kleiner Pöks, ich stecke dich gleich in den Farbtopf!" Da war es vorbei mit dem Spaß und schreiend lief ich davon.

Von der Küche meiner Großeltern kam man in einen kleinen Flur, der ebenfalls schwarz-weiß gefliest war. Auf der linken Seite stand ein großer schwarzer Kleiderschrank. Auf der rechten Seite des Flures hing eine hölzerne schwarze Garderobe mit Hutablage und einer kleinen Schublade. In dieser Schublade bewahrte Oma besagten Staubpinsel, ein Staubtuch und eine Kleiderbürste auf.

Gleich hinter der Garderobe ging es rechts in das Schlafzimmer. Das Zimmer war so klein, dass ein Schrank nicht mehr hineinpasste. Platz fanden nur das Doppelbett aus einfachem Rüsterholz und zwei einfache Nachtschränke, auf denen Lampen standen und Wassergläser für die dritten Zähne. Ich fand es äußerst lustig, dass meine Großeltern ihre Zähne herausnehmen konnten. Sie aber fanden es peinlich, als ich dieses Geheimnis entdeckte. Vor mir konnten sie nichts verheimlichen. Ich war überaus neugierig und fragte allen ein Loch in den Bauch.

Über dem Bett hing ein großes Bild mit goldenem Rahmen. Das war wunderschön anzusehen. Es tanzten Nymphen einen Reigen. Es war eine traumhafte Sphäre.

Wenn ich nachmittags zu meiner Oma ging, kochte sie für sich und Opa einen starken Kaffee. Das war eine richtige Prozedur. Erst einmal wurde im Herd Holz nachgelegt und in einem metallenen Wasserkessel das Wasser zum Kochen gebracht. Das ging immer sehr schnell. Die große Kaffeekanne wurde geholt, ein Porzellanfilter aufgesetzt und dieser mit einer Filtertüte versehen. Pro Tasse Kaffee kam ein Messlöffel gemahlener Kaffee in den Filter und dann wurde immer wieder kochendheißes Wasser aufgegossen. Der Kaffee duftete unbeschreiblich lecker.

Spannend war auch das Kaffeemahlen. Für diese Prozedur gab es eine Maschine aus bemaltem Holz, die mit einer Einfüllöffnung aus Metall versehen war. In diese wurde eine kleine Menge Kaffeebohnen gefüllt und dann wurde an einer Kurbel gedreht, die wiederum ein Mahlwerk in Gang setzte. Das Kaffeemehl fiel dann in eine kleine dafür vorgesehene Schublade.

Ich versuchte das Kaffeemahlen immer wieder, jedoch reichte meine kindliche Kraft dafür nicht aus. Oma hatte im Nullkommanichts diese Arbeit erledigt. Sie war eine starke Frau. Und dann schüttete sie das Kaffeepulver in eine buntgeblümte Blechdose auf Vorrat.

In jedem Jahr fuhren meine Großeltern nach Malente- Gremsmühlen in Urlaub. Mein Großvater war Bahnbeamter in Ruhestand und hatte verbilligte Fahrt. In der Zeit des Urlaubs durfte ich bei meiner Oma die Blumen gießen und außerdem jeden Tag in ihrer Veranda sitzen und meine Hausaufgaben machen.

Die Veranda war ein kleiner quadratischer Raum, in dem ein Tisch mit fünf Stühlen stand. Kakteen und Geranien standen auf der Fensterbank. Es gab Wandvasen, die immer mit kleinen Blumen gefüllt waren und Wandblumentöpfe mit Glockenblumen, die nahezu immer blühten. Auf einem kleinen schwarz gelackten Schrank stand ein großes Radio. Es war mein Privileg, dass ich dieses Radio anstellen durfte, so klein wie ich war. Und dann durfte ich Kinderfunk und Musik hören, so lange ich Lust dazu hatte, ganz alleine. Sogar die Sender durfte ich verstellen. Niemand war böse mit mir. Im Gegenteil.

Die Veranda hatte zu jeder Seite Sprossenfenster und an der rechten Seite eine Außentür, die immer verschlossen blieb, wenn ich alleine war. Die Außentür und die Tür, die vom Flur aus in diesen Raum führte, waren mit Türglocken ausgestattet, die ein bemerkenswertes *„Palimpalim"* erklingen ließen.

Ich habe später versucht, derartige Türglocken auf Flohmärkten zu finden, was mir aber nicht gelang. Niemand konnte unbemerkt durch diese Türen gehen. Es war schier unmöglich bei dem Lärm, den diese Glocken machten. Es hallte durch das ganze Haus. Ich fand das alles wunderschön und romantisch.

Übrigens brachten mir meine Großeltern regelmäßig Andenken aus Malente-Gremsmühlen mit. Mal war es ein mit Muscheln beklebtes Holzkästchen, in dem ich meine Ringe, Zopfhalter und andere Schätze verstaute, oder ein Plastik-Bambi, das mich bis heute durch die Zeit begleitet hat. Einmal bekam ich einen kleinen Fernseher aus Plastik. Wenn man auf einen Knopf drückte, wurden bunte Bilder von Malente sichtbar. Welch Kostbarkeiten in meinem jungen Leben.

Zur Wohnung meiner Großeltern gehörte natürlich eine Wohnstube. Ab fünfzehn Uhr saßen wir, außer zur Erntezeit, in diesem gemütlichen Zimmer und ließen es uns gut gehen. Gleich neben der Tür lehnte Omas Sorgenstuhl, ein schwerer schwarzer Eichenstuhl mit gepolstertem Sitz. Gleich daneben stand das Herzstück des Raumes, der braune gekachelte Ofen, der dieses Zimmer mit gemütlicher Wärme versorgte. An der linken Zimmerwand stand ein rotes Sofa, auf dem meine Oma ihr Mittagsschläfchen hielt. Das hörte sich lustig an, denn sie schnarchte sonderbar: „Grr Itschipüüh." Diese Worte werde ich immer im Gedächtnis behalten. Dazu wackelte und bebte ihre Unterlippe. Es war genial. Ich vermochte so etwas nicht und schaute ihr oft und gerne dabei zu.
Neben dem Sofa stand, natürlich auch schwarz und gelackt, ein Wohnzimmerschrank. Der Zeit gemäß hatte dieser Schrank ein Oberteil mit Seitentüren aus Holz und einer mittleren Tür aus Glas, die herrlich eingravierte Muster hatte. Oben auf dem Schrank thronte eine schwarzfarbene Uhr, deren warmer Glockenklang alle fünfzehn Minuten das Haus erfüllte.

Der Tür gegenüber befand sich ein weiteres Sofa, doch dieses wurde unverständlicherweise Couch genannt. Sie war noch etwas weicher als das Sofa und gelblichbraun gefärbt. Davor stand ein kantiger schwarzer Tisch, auf dem meistens eine schlicht-weiße Tischdecke lag und darauf wiederum eine bestickte quadratische Decke. Die handbestickten Decken hatte allesamt meine Oma gefertigt. Sie konnte schöne Handarbeiten machen. Dazu gehörten auch Häkelarbeiten. Da es lediglich weiße Leinen- oder Baumwoll-Bettwäsche gab, häkelte sie für die Kopfkissen aus weißem Garn längliche Einsätze mit unterschiedlichen Mustern und nähte diese in dafür vorgesehene Öffnungen ein.

Über der Couch hing ein großes Wandbild mit einem Schäfer, der seine Schafherde durch die Heide führte. Immer wieder versuchte ich, die Schafe zu zählen, aber ich war noch zu klein und schaffte es nicht.

Für uns Kinder strickte Oma hellblaue und hellrosa Leibchen. Das waren hemdähnliche Kleidungsstücke, die wärmen sollten. Leider mochten wir diese Leibchen überhaupt nicht, denn sie kratzten erbärmlich auf unserer empfindsamen Kinderhaut. Es dauerte lange, bis sie damit aufhörte. Dafür kaufte sie dann für mich Angora-Unterwäsche, was auch nicht besser war.

Auf der rechten Seite der Stube standen zwei Sessel und ein runder Rauchtisch mit Glasplatte, der natürlich ebenfalls mit einem gehäkelten Deckchen verschönt wurde. Wie der Name sagt, wurde an diesem Tisch geraucht, denn mein Opa rauchte Zigarren oder Pfeife. War die Pfeife warm, dann duftete das aromatisch. Aber wenn der Rauch im Zimmer abkühlte, stank es recht eigentümlich. Gegen diesen Geruch half entweder Essigwasser, das in einer Kumme aufgestellt wurde oder ein Rauchmännchen. Dabei handelte es sich um eine kleine Lampe in Gestalt eines Schornsteinfegers, die auf dem Schrank stand, der sich zusätzlich an der rechten Zimmerwand befand. Diese Lampe hatte den Ruf, Rauch anziehen zu können. Das allerdings glaube ich bis heute nicht.

Ganz besonders spannend und schön waren die Weihnachtsfeste bei meiner Oma. In ihrer Wohnstube versammelten sich all unsere engsten Verwandten. Weit über zwanzig Personen passten dort hinein. Wir fühlten uns wie Sardinen in der Dose, aber es war gemütlich.
Meine Großeltern hatten viel zu tun, uns alle mit Essen zu versorgen. Wie schon gesagt, Eier gab es reichlich. Die wurden schon Tage vorher gesammelt. Aber Käse und Wurst und viele andere Leckereien gab es überdies zu essen. Welch eine paradiesische Fülle. Wir sangen Lieder und alle waren gut gelaunt. Sagen wir mal, beinahe alle.

Manchmal gingen die Männer nach draußen, um zu rauchen. Denn Weihnachten durfte im Haus nicht geraucht werden. Mein Großvater spielte den Weihnachtsmann und schlug kräftig von außen an die Küchentür. Wir Kinder mussten Weihnachtsgedichte vortragen oder Lieder singen. In der Zwischenzeit bereiteten die Frauen den Wohnzimmertisch vor und verwandelten ihn in einen Gabentisch. Die Türglocken zum Flur und nach draußen wurden betätigt. Für uns Kleinen war das alles spannend. Doch wir hatten keine Ambitionen, den groben Weihnachtsmann, der draußen so grölte, kennen zu lernen.

Schon Wochen vorher durften alle Angehörigen unserer Familie in den dicken und schweren Quelle-, Neckermann- und Schöpflin-Katalogen blättern. Die Erwachsenen schrieben ihre Wünsche für den Weihnachtsmann auf und wir Kinder durften aus den bunten Spielzeug- und Bekleidungsseiten alles ausschneiden, worüber wir uns zu Weihnachten freuen würden. Ich weiß noch, dass die Älteren für zwanzig Mark und wir Kinder für zehn Mark auswählen durften.
Meistens wurden unsere Wünsche erfüllt. Wie meine Großeltern es schafften, für so viele Personen Geschenke zu besorgen, ist mir rätselhaft. Aber alle waren glücklich und zufrieden. Was mir allerdings nicht gefiel war, dass meine Oma zu Weihnachten für mich und meine beiden kleinen Cousinen Jahr für Jahr das gleiche karierte Kleidchen mit weißem Bubikragen anfertigen ließ. Als ich größer wurde, unterließ sie dieses Unterfangen zum Glück.
Als ich mit vierzehn Jahren endlich konfirmiert wurde, schenkten mir meine Großeltern Teile zu einem Silberbesteck. Meine Oma bestand darauf, dass ihre Namen eingraviert wurden. Zu meinem folgenden Geburtstag allerdings wollte ich partout ein ganz besonderes Geschenk von meiner Oma bekommen. Ich wünschte mir sehnlichst ein kleines silbernes Herz mit einem hellblauen durchsichtigen Stein. Mir war bewusst, dass es

ein großes Geschenk war, denn eigentlich sollte ich Teelöffel für mein Besteck erhalten. Lange habe ich auf meine arme Oma eingeredet. Ich wollte so gerne ein Erinnerungsstück haben, und das bedeutete nun einmal *keinen* Löffel. Wie glücklich war ich, als ich das kostbare Herzchen zu meinem Geburtstag erhielt. Ich weiß noch den Preis. Es waren sechzehn Deutsche Mark.

Vor lauter Angst, es zu verlieren, habe ich dieses Schmuckstück nur selten an meiner Kette getragen. Es ist das kostbarste Vermächtnis meiner von mir innig geliebten Oma.

Später, als ich dann zur Schule ging, blieb nur noch wenig Zeit für Besuche bei meinen Großeltern. Ich sollte grundsätzlich zu den Klassenbesten gehören und es später im Leben einmal besser haben als meine Mutter. So redete sie mir ein.

Die Tage waren ausgefüllt mit Hausaufgaben, Mithilfe im Haushalt und Garten. Zum Spielen blieb mir nur noch wenig Zeit. Aber neben aller Arbeit wollten meine Eltern, dass ich Freundschaften schloss und außerdem in einen Sportverein ging, um Gymnastik zu treiben. Dazu hatte ich überhaupt keine Lust und es setzte Prügel, als sie erfuhren, dass ich die Gymnastik schwänzte. Ich war unsportlich und konnte keinen Kopf- oder Handstand oder eine Flugrolle machen.

Mit Freundschaften tat ich mich ebenfalls schwer. Viel lieber verkroch ich mich mit meinen Büchern in irgendeiner Ecke oder malte, bastelte und klebte. Ich war gerne alleine, doch damit kam ich bei meinen Eltern nicht durch.

Als ich dann heranwuchs und in die 20 Kilometer entfernte Realschule fahren musste, sah ich meine Großmutter nur noch sehr selten. Sie hatte ein dickes linkes Bein, bewegte sich immer weniger und wurde von Jahr zu Jahr krummer im Rücken. Sie muss starke Schmerzen gehabt haben, doch sie sagte nie etwas darüber. Dennoch trafen wir uns ab und zu an den Wochenenden auf einen Kaffee. Jedoch begrenzte meine Mutter diese kostbaren Minuten auf ein Minimum und rief mich immer wieder zurück.

Obwohl meine Oma im Laufe der Zeit überaus vergesslich wurde, bedeutete sie mir nach wie vor sehr viel. Interessant war, dass ihr Geruchssinn ebenfalls schwächer wurde. So bemerkte sie eines Tages nicht, dass ihre Grützwurst verdorben war. Als ich von der Schule nach Hause kam, stank das ganze Haus bestialisch danach. Meine Mutter war total aufgelöst und forderte mich auf, zu Oma zu gehen und ihr den Genuss dieser Wurst zu verbieten. Sie meinte, dass sie auf mich hören würde.

Oma hatte sich in der Küche eingeschlossen. Erst nach langem Klopfen und Rufen öffnete sie mir die Tür. Als ich ihr sagte, dass die Wurst erbärmlich roch und verdorben sei, tätschelte sie mir nur die Wange und aß weiter davon.

Wir alle rechneten mit einer Fleischvergiftung der Großeltern, aber nichts geschah. Mein Vater sagte abends nur: *„Deutscher Magen kann alles vertragen.“* Dieser Satz blieb mir im Gedächtnis.

Meine Mutter trank während meiner Schulzeit leider viel Alkohol und oftmals durfte ich meine Oma nicht mehr besuchen. Die beiden Frauen hatten kein sonderlich gutes Verhältnis zueinander. Dieser Zustand war für mich unerträglich. Zeitweise wurde mir der Umgang mit ihr total verboten und so war es auch kein Wunder, dass die innige Verbindung zu meiner Oma verschwand. Ihre Welt wurde immer kleiner und meine dagegen wurde stetig größer.

Mein Onkel, der Maler, und mein Opa verstarben im Abstand von wenigen Wochen, als ich siebzehn Jahre alt war. Mein Großvater erlitt einen Schlaganfall, von dem er sich nicht mehr erholte. Mein Onkel verunglückte genau vier Wochen später tödlich auf dem Weg zu einer Innungsversammlung.

Durch diese Schicksalsschläge wurde meine Oma immer hinfälliger. Sie vergaß alles um sich herum und lebte in ihrer eigenen Welt. Auch sie erlitt mehrere Schlaganfälle. Bei einem schweren Sturz brach sie sich dann eines Tages den Arm. Da mein Opa im Krankenhaus verstarb, wollte sie auf keinen Fall dorthin gebracht werden. Sie ließ sich ihren Arm schienen und eingipsen und kam auf eigene Gefahr zurück nach Hause. Dort legte sie sich auf ihr Sofa und wollte einfach nicht wieder aufstehen. Meine Mutter kochte ihr das Essen und sorgte sich nach Leibeskräften um sie, jedoch ohne Erfolg. Es kam die Nacht, da Oma hinüberging in die lichtvolle Welt. Sie war schon tagsüber sehr unruhig und meine Mutter wachte stundenlang an ihrem Sofa. Mein Vater arbeitete an seinem Schreibtisch und vergrub sich hinter Büroarbeiten.

Um meiner Mutter die Möglichkeit zu geben, sich für ein paar Stunden auszuruhen, setzte ich mich zu meiner Oma ins Zimmer und kauerte mich in einen der Sessel. Mir war sehr unheimlich zumute. Schließlich redete meine Oma die ganze Zeit unverständliche Worte und wälzte sich hin und her. Mir fehlten Mut und Kraft, ihre Hand zu halten. Für mich war diese Situation unerträglich und ich fühlte schreckliche Angst.
Als meine Großmutter dann immer lauter nach meiner Mutter rief, ging ich sie wecken. Daraufhin durfte ich endlich schlafen gehen, denn am nächsten Tag musste ich pünktlich zur Arbeit. Noch in dieser Nacht verstarb meine Oma.

Für mich waren mit dem Tod meiner Oma auch meine Kindheit und meine Jugend gestorben. Ich war neunzehn Jahre alt und hatte von diesem Tag an kein Zuhause mehr, keinen Rückzugsort. Meine Mutter gab sich von nun an immer mehr dem Alkohol hin. Im Grunde genommen war sie eine warmherzige liebevolle Frau. Ich erinnere mich an gemeinsame Spiele, Kanon singen, ihre klaren grünen Augen und ganz besonders an ihre Hilfsbereitschaft, wenn Menschen in Not gerieten.

Doch Alkohol verändert einen Menschen und Mutter verlor sich immer mehr. Mein Vater kam abends erst spät von der Arbeit, setzte sich dann an seinen Schreibtisch oder vor den Fernseher. Ich hatte keinen Ansprechpartner mehr und wurde doch erst mit einundzwanzig Jahren volljährig.

*

Ich öffnete die Augen. Langsam kam ich aus der Geschichte meiner Vergangenheit zurück in die Gegenwart.
Die Sonne hatte sich hinter dicken Wolken versteckt. Es war kühl geworden. Ich fröstelte, stand auf und ging ins Haus. Mein Sohn war gerade dabei, einen Kaffee zu kochen. Er schien zu wissen, was ich gerade dringend benötigte und das war nicht alleine der Kaffee. Es war das heimelige Gefühl, sich gemeinsame Zeit, Nähe und Wärme zu schenken.
Still stand ich in der Tür und beobachtete, wie die kleine Ellen eifrig den Tisch deckte.

Vater unser...

für dieses Jahr hab Dank -
für die Ernte auf den Feldern und in unseren Gärten –
für alle Menschen, die Du uns zur Seite stelltest –
für die Hoffnung und den Glauben in schweren Zeiten-
für den Frieden in unserem Land und
für die Menschen, die daran arbeiten –
für die Hilfe, die kam, wenn wir nicht weiter wussten –
für jede Hand, die uns tröstete,
wenn wir traurig waren –
für die Kraft, die Du uns gabst,
um uns für andere einzusetzen –
für alle Erfahrungen, die wir täglich machen durften –
für unsere Einzigartigkeit und unser Leben.

Für unser tägliches Brot hab Dank und
für ein paar Tage Urlaub und Entspannung –
für die vielen Helfer in Katastrophengebieten –
für Menschen, die uns lehrten, was wir nicht wussten –
für jedes Lachen, das wir hörten und das uns fröhlich machte
und dafür,
dass Du uns begegnetest in vielerlei Gestalt.

Danke für jedes Kind und jeden Freund.
Danke für das Wissen und die Erkenntnis,
das wir nur ernten können, was wir ausgesät haben
und wenn Du dann segnend die Hand über alles legst.

AMEN

LEBEN

Ich fühle dich Leben,
in diesem Augenblick,
mit jedem Wimpernschlag,
durch jeden Atemzug,
im Fühlen, im Denken,
in all meinen Handlungen –

So kostbar,
so einzigartig,
unwiederbringlich,
wertvoller als alles Gold der Erde-

Ich fühle dich, Leben,
in diesem Augenblick.
Ich danke dir, Leben,
dass ich bin
und dafür,
dass es dich gibt.

Brigitte Anna Lina Wacker wurde 1953 in Voigtding, jetzt Wingst, geboren. Sie lebt und arbeitet als freischaffende Künstlerin in Cuxhaven.

1987 - 1990	regelmäßige Teilnahme an VHS-Kursen in Bremervörde und Bederkesa
1990 - 1991	Besuch der Malschule von Minke Havemann, Hagenah
seit 1992	Durchführung von Aquarell-Kursen im eigenen Atelier und Schülerausstellungen
1993 - 2013	Dozentin an der Volkshochschule Stade/Fredenbeck
1993 - 2008	Dozentin an den Volkshochschulen Eschwege, Witzenhausen und der ABS Selsingen
1996	Änderung der Signatur
seit 2004	Aquarell-Kurse für Urlauber, Kurgäste und Malgruppen
Juni 2006	Eröffnung der Atelier-Galerie „Malerstübchen" in Bad Sooden-Allendorf mit Aquarellkursen und Workshops
Mai 2007	Schließung der Atelier-Galerie, Heirat und Umzug nach Cuxhaven-Sahlenburg Nochmalige Änderung der Signatur
Dez. 2007	Eröffnung eines Ateliers in Cuxhaven
seit 2012	schriftstellerisch tätig mit zahlreichen Veröffentlichungen im BoD Verlag

Weitere Bücher von Brigitte A.L. Wacker:

Ich gebe dir Engel mit auf den Weg
Bilder und Gedanken
ISBN 978-3-7322-9926-3

Sehnsucht lag am Wegesrand
Gedanken, Bilder und Gedichte
ISBN 978-3-7386-1139-7

Hein Wattwurm auf Reisen
und andere Geschichten
ISBN 978-3-8482-0266-9

Malerisches Bad Sooden-Allendorf
Bildband
ISBN 978-3-7412-4349-3

Malerische norddeutsche Landschaften
Bildband
ISBN 978-3-7412-0913-0

Blumen und Stillleben
Bilder in Aquarell, Acryl und Pastellkreide
ISBN 978-3-7528-3111-5

Der kleine Apfel Balthasar
Ein Märchen für Kinder und Erwachsene
ISBN 978-3-7357-8263-2

Das Märchen vom kleinen Sternchen
für Erwachsene und Kinder
ISBN 978-3-7357-7883-3

Paula
Erlebnisse mit einem Hund
ISBN 978-3-7357-4303-9

Solaras Traum
eine magische Begegnung
ISBN 978-3-8482-2978-9

WUNDERSAM
wahre Geschichten
ISBN 978-3-8482-6337-0